LA QUESTION DU JOUR

PARIS, IMPRIMERIE DE L. TINTERLIN ET Cᵉ
RUE NEUVE-DES-BONS-ENFANTS, 3

LA
QUESTION DU JOUR

PAR

UN ALLEMAND

Quand on veut le but, on doit vouloir les moyens.

PARIS

E. DENTU, LIBRAIRE-ÉDITEUR

PALAIS-ROYAL, 13, GALERIE D'ORLÉANS.

1859

PRÉFACE

La brochure *Napoléon III et l'Italie* nous a suggéré l'idée d'écrire ce Traité. Nous aurons besoin, pour certaines omissions, de l'indulgence des lecteurs, attendu que nous l'avons écrit en voyage, en quelques nuits, à l'hôtel, dans une situation quelquefois peu comfortable. Tantôt la bise de mars chassait la pluie contre les grands carreaux des fenêtres mal jointes, tantôt le bruit lointain et peu harmonieux des masques joyeux nous rappelait la farce et le carnaval de cette vie, et faisait diversion à la distraction que nous procuraient deux Anglais dans la chambre voisine, qui prenaient force grogs et ensuite se mirent à ronfler d'une façon digne de la brumeuse Angleterre ! Dépourvu de livres, nous avons dû faire presque toutes les citations de mémoire, omettre des dates et

des noms dignes ou nécessaires d'être cités. — S'il y a quelque erreur de chiffres, qu'on veuille bien tenir compte que ce n'est pas
ici une statistique. L'essentiel est que les faits soient exacts : les
faits politiques, commerciaux, historiques, le complot améri-
cain, etc., s'appuient sur des preuves écrites !

PREMIÈRE PARTIE

INTRODUCTION

> Quand une idée juste et généreuse a été sou-
> mise, par la France, à l'opinion publique qui
> l'accepte, cela vaut à la France une armée d'un
> million de soldats !

I.

Le présent Traité donnera un résumé des faits très-graves qui se sont passés en Angleterre depuis le moment où la brochure de *Napoléon III et l'Italie* est venue soulever la question des nationalités. Mal interprétée à l'égard de la France, elle a excité en Angleterre un orage et des clameurs qui commencent seulement à se calmer, et qui ont montré cette vérité désolante, qu'il n'y a guère d'Anglais dont le cœur parle pour une nation opprimée et se souvienne de cette maxime : Ne faites pas à autrui ce que vous ne voudriez pas qu'on vous fît. — Le peuple anglais, dont toute l'histoire a été une suite de luttes *entre* des nationalités au dedans, et de conquêtes *contre* des nationalités au dehors, ne comprend pas encore que la civilisation moderne nous impose d'autres devoirs. L'absence de sentiments démocratiques et de fraternité, l'intérêt mal entendu de sa conservation, et surtout le calcul égoïste de ses aristocrates et hommes de finances, entretient le peuple anglais dans ses préjugés.

On lui a toujours présenté le spectacle de ses divisions. Les anciens Britons se battaient contre les Romains, les Danois contre les Saxons, les Saxons contre les Normands et les chevaliers errants de tous les pays qui composaient le camp de Guillaume, et quand la race nouvelle se fut consolidée, les luttes intestines continuèrent contre les Écossais, contre les Celtes de l'Irlande et les Bretons de Galles !

— L'Écossais est encore aujourd'hui fier de dire qu'il n'a jamais été conquis, mais que son intérêt lui a commandé de s'unir à l'Angleterre vers 1700 ; et, en effet, sa prospérité y a gagné, car l'Écosse a disposé des ressources de la Grande-Bretagne! Quant à l'Irlande, l'Angleterre ne se l'est pas encore assimilée, et pourquoi? Parce qu'elle ne lui a pas fait justice, qu'elle opprime son Église (1) catholique ! Depuis le dernier soulèvement qui se termina par la capture

(1) Comme preuve de la tolérance anglaise en plein dix-neuvième siècle, et de ses sentiments pour l'Italie, nous lisons dans le *Times du 23 mars* le fait suivant : « *Risum teneatis amici.*» Nous expliquerons d'abord que le prince de Galles, héritier présomptif de la couronne d'Angleterre, se trouve en ce moment à Rome, incognito, avec son précepteur, pour étudier les monuments de la Ville éternelle, comme tant d'autres jeunes gens et de touristes le font journellement sans danger pour le salut de leur âme ! Le clergé anglais en juge autrement ! Voici le fait du *Times* :

« Le Révérend E. J. Ward, de Blenworth Hants, indigné profondément de l'im-« prudence que commet lord Derby en permettant au prince de Galles de visiter « Rome, et persuadé qu'il y a là un danger réel pour *la vérité protestante* (cette « vérité protestante anglicane ne doit pas être très-solide), a fait de cet événement « le sujet de prières publiques dans son église, depuis déjà trois dimanches, et re-« commande du haut de la chaire à sa congrégation d'unir ses prières les plus « ferventes aux siennes pour S. A. R. le prince de Galles, afin que le Dieu tout-« puissant, dans sa grande miséricorde, daigne le préserver *des dangers auxquels* « *il est exposé* pendant son séjour à Rome, ce quartier général des *erreurs papales*, « de la superstition et de l'idolâtrie!!! »

Nous ignorons quel âge peut avoir le sieur Ward, mais nous sommes tenté de croire que ce Révérend a pris ses ordres du temps de William and Mary et qu'il a sommeillé depuis cent cinquante ans !   F. C.

de M. Smith O'Brien caché au milieu des choux dans le jardin de la veuve Soandso, — le sentiment national s'est réfugié dans les associations secrètes, le Club du Phénix et autres, et récemment encore de nombreuses arrestations ont été opérées !

Cette lutte ouverte ou clandestine cessera du moment que l'Angleterre donnera pleine et entière satisfaction à l'Irlande, car celle-ci comprendra alors que pour elle, comme pour l'Écosse, l'union est un gage de prospérité commerciale.

II.

Si en Angleterre on doit instruire les indifférents, en Allemagne il faut modérer les exagérés. Dans le Parlement national de Francfort, nous avons vu des députés pousser le principe des nationalités jusqu'aux dernières limites de l'absurde ; ils demandaient la réunion de l'Alsace et de la Lorraine à l'Allemagne, parce qu'on y parle encore une espèce d'allemand bien qu'on y soit aussi Français qu'à Paris : ils réclamaient les provinces allemandes de la Russie, et jusqu'aux villages polonais où dix Allemands se trouvent au milieu de cinq cents Slaves.

Ils étaient hostiles à la révolution hongroise parce que les magyars mettaient la main sur les districts et les villages qui contiennent une population mixte d'Allemands, de Slaves et de Magyars ! et pour comble d'absurdité, après avoir tant demandé pour eux, ils voulaient la ligne stratégique du Mincio, sans égard pour les droits des Italiens !

Hélas! leurs discours furent longs, mais leur rêve a été court!

Toutes les exagérations trouvent tôt ou tard leur défaite!

Il nous semble que c'est assez de demander l'indépendance des nationalités opprimées et vivaces comme l'Italie, la Hongrie et le Schleswig-Holstein, et le triomphe des principes de 1789 par la prépondérance de la France!

Ceux qui prétendent que les traités de 1815 n'empêchent pas les principes de 1789 de s'étendre et de gagner partout du terrain, sont dans l'erreur! En consultant les faits, nous arrivons à une conclusion toute contraire!

Il est vrai qu'après Juillet, par les discours de la tribune et pendant la période littéraire si fertile de 1830 à 1840, les idées françaises, bonnes et mauvaises, se sont répandues vers l'Est, mais seulement parmi une certaine classe; peu nous importe une classe, nous nous occupons du peuple! nous voulons les idées de 89 non dans les *livres*, mais dans les *faits*! Eh bien, que disent les faits? Dans la Bohême, la Styrie, la Croatie, etc., la superstition catholique est plus grande que jamais; aux pèlerinages (1) de Maria-Zell, de

(1) Un village de quelques centaines d'habitants, situé dans une contrée des Alpes, grandiose, magnifique, où la nature sublime et belle a tout fait pour inspirer à l'homme la vénération de Dieu et l'amour du prochain, — contient quelque part, dans un coin de la montagne, une chapelle célèbre, que la foule vient visiter. Comme la place manque pour l'héberger, on construit des huttes provisoires, et cinquante à cent personnes des deux sexes couchent pêle-mêle dans une de ces huttes! Il est plus facile d'imaginer que de décrire les désordres qu'ise commettent! Qu'il suffise de dire que, nulle part, le nombre des naissances illégitimes n'est plus grand qu'en Autriche. Et lorsque ces pauvres gens ont dépensé leur dernier kreutzer pour acheter des images, des chapelets et des rosaires, ils retournent à pied vingt, cinquante, cent lieues, couchent dans les fossés, mendient ou volent, reviennent chez eux malades ou démoralisés et incapables de rien faire de bon pendant le reste de l'année! — Voilà les pèlerinages d'Autriche!   F. C.

Maria-Einsiedeln se pressent, non pas comme jadis, cinquante mille, mais jusqu'à trois cent mille personnes ; les jésuites sont partout ; le dernier concordat de l'Autriche crée, non pas un « *imperium in imperio,* » mais efface l'État complétement dans l'Église, et il s'en rapporte à elle pour façonner ce pauvre peuple de manière à en faire les instruments passifs du fanatisme, de l'injustice et du despotisme !

Comme dit Byron :

And thus they plod in sluggish misery,
Rotting from sire to son, and age to age,
Proud of their trampled nature, and so die,
Bequeathing their hereditary rage
To the new race of inborn slaves, who wage,
War fortheir chains, and rather than be free
Bleed gladiator-like, and still engage
Within the same arena where they see
Their fellows fall before, like leaves of the same tree.

Et c'est ainsi qu'ils (les hommes) s'agitent dans une misère apathique, pourrissant de père en fils, et d'âge en âge, fiers de leur nature opprimée, et ils meurent ainsi léguant leur rage héréditaire à la race nouvelle d'esclaves nés, qui se font la guerre pour leurs chaînes, et, plutôt que d'être libres, versent leur sang en gladiateurs, et luttent encore dans la même arène où ils ont vu leurs compagnons tomber avant eux, comme les feuilles du même arbre !

Voilà les citoyens que l'Autriche veut former !...

L'évêque d'Agram vient d'exhorter les fidèles à se préparer à la prochaine extermination du peuple piémontais ! Sommes-nous à l'époque de la Saint-Barthélemy ou en plein dix-neuvième siècle ? Qu'ont fait les Piémontais pour mériter ainsi la colère du Ciel ? un peuple brave, loyal, qui aime son Dieu, son roi et son pays ! Ne serait-il pas temps de rappeler au cardinal Antonelli, l'âme damnée de l'Autriche, que de pareils excès déshonorent l'Église.

Ce fanatisme autrichien retarde et arrête le développement de toute l'Allemagne ; la Prusse, quoique éclairée et protestante, ne peut pas lui opposer un contre-poids, attendu que l'Autriche est inaccessible aux idées et qu'elle profite de la jalousie politique entre les divers gouvernements allemands, pour attirer à elle les *États catholiques* afin de s'opposer à l'influence de la Prusse ; cette soi-disant unité allemande, fondée par *la Sainte-Alliance*, ne présente en réalité que le spectacle de tiraillements continuels, de disputes de coin de rue, dont nous venons de voir un édifiant échantillon à la diète de Francfort entre MM. Bismark et Rehberg, qui allaient en venir au duel !

L'union y est complétement sacrifiée ; la vraie religion y perd, et l'on prépare les voies à un schisme.

Par conséquent, comme nous trouvons que 89 a plutôt rétrogradé qu'avancé, nous disons à la France :

Dieu le veut, en avant, marchez !

III.

Mais nous ne faisons pas appel à la guerre sans nécessité, ni à la révolte.

Si nous adressons une observation au peuple belge, c'est que lorsque de nombreux Anglais font, en Belgique, de la propagande contre la France, nous pensons que la lutte des opinions est ouverte et qu'il est permis à chacun d'émettre la sienne; les peuples, aujourd'hui, sont solidaires; chaque peuple a le droit et le devoir de consulter son intérêt. Le peuple belge décidera de quel côté se trouve le sien, quand il réfléchira que *Gand*, qui pourrait être un *second Manchester*, est une immense ville déserte; que *Bruges*, l'ancienne reine de la Hanse, dont la récente fabrication de toiles pour l'Espagne et les colonies a été ruinée par la fabrique anglaise; que Bruges voit son port désert, ses canaux veufs de navires, l'herbe croissant dans ses rues; que le paupérisme augmente dans les Flandres; que le port d'*Ostende* n'est qu'une petite station de vapeurs anglais; qu'*Anvers* ne voit plus guère, comme avant 1830, des *East-Indiemen* dans ses magnifiques bassins; que *Tournay*, qui a tous les éléments d'une ville de fabrique de premier ordre, nourrit d'*aumônes* ses nombreux ouvriers; que les fers et charbons du *Hainaut* et de *Liége* ne trouvent point leurs débouchés en Angleterre, mais en France; que la marine belge, qui devrait être si importante et dont l'Angleterre rit sous cape, est considérée par celle-ci plutôt comme une vache à lait qu'on exploite, et où l'on trouve un placement avantageux des navires anglais qui ne peuvent plus servir; ainsi que le prouve le *British Queen*, qui fut vendu à la Belgique pour environ 3 millions, fit trois voyages avec une subvention de 100,000 francs chaque voyage, payée par le gouvernement belge pour couvrir les frais, et fut ensuite mis au rebut! de façon que chaque voyage transatlantique coûta à peu près 1,100,000 francs!

Quand il réfléchira à tout cela, le Belge ne trouvera point déplacé qu'on soit d'une opinion différente de celle qu'émet si chaleureusement l'Angleterre !

IV.

Quant à la *Pologne*, on serait en droit de nous reprocher de faire bon marché de sa nationalité. A notre avis, le mot *nationalité* ne doit pas se prendre dans un sens absolu. Il est probable que, dans un avenir très-éloigné, la doctrine de M. de Girardin « les nationalités doivent se fondre dans l'humanité » se réalisera, lorsque chaque peuple aura atteint l'apogée de son développement, de son génie, de sa prospérité par la paix, la liberté et le libre-échange ! Il est donc, dès à présent, avantageux de préparer la transition et de rapprocher les intérêts. Il est *aussi* avantageux, pour la Pologne, de pouvoir disposer des immenses ressources de l'empire russe, qu'il est avantageux pour l'Irlande satisfaite de s'unir à l'Angleterre ; ainsi, *une Pologne isolée* n'a pas de ports de mer et pas de marine. Appuyée contre le flanc de la Russie, les ressources de la Pologne seraient épuisées, son industrie entravée par l'entretien d'une grande armée en temps de paix ; la mission de la *Russie civilisée* étant de répandre plus tard le Christianisme en Asie, les Polonais y représenteront, pour leur part, l'élément catholique. L'essentiel pour la Pologne, est de se créer un peuple, une bourgeoisie ; avoir négligé cet élément, a été une des causes de sa chute ; la Russie le prépare, dès à présent, par l'émancipation des paysans. — Et la Russie comprendra assez son intérêt pour ménager la langue, la religion, les traditions des Polonais, pour se les assimiler comme elle s'est assimilé les races allemandes des provinces baltiques ! Si la Russie lui fait du bien, qu'elle se rallie franchement autour du trône d'A-lexandre II, qui est magnanime et qui veut le progrès, qui sera peut-être le héros du Nord donnant la main à Napoléon III ; que la Pologne se rappelle son passé, qu'elle songe dans quel état la licence et le manque d'autorité ont plongé ce malheureux pays ; il n'y a que les hommes héroïques qui puissent régénérer les sociétés aujourd'hui !

V.

A l'égard des provinces rhénanes, on nous taxera, les Anglais surtout, de manquer de patriotisme !

La question vitale pour l'Allemagne est son unité, le Schleswig-Holstein et, par lui, une marine. — Les Allemands rhénans constituent l'élément de transition, pour préparer la fusion des génies franco-germaniques et pour amalgamer deux races d'un esprit si essentiellement différent.

La civilisation future de l'Europe, tant sous le rapport religieux, social que politique, exige impérieusement et immédiatement que la lumière du progrès que représente la révolution française, perce enfin radicalement toutes les couches de la grande *société germanique*, afin que cette lumière, ce soleil puisse librement pénétrer dans les masses de l'Est, et fondre les glaces du nord de l'Europe. La première révolution française trouva l'Allemagne dans l'état de la plus caduque vétusté, de la plus complète féodalité. La plaie était ancienne, elle était profonde ; Napoléon Ier a fait tomber la première croûte, reste la seconde croûte qui doit être enlevée, et alors on arrivera à la chair vive qui doit être guérie et couverte d'un épiderme, si c'est possible sans cicatrice.

VI.

Des Allemands *peureux* vont s'écrier : Mais la révolution française, c'est la ruine des trônes, c'est la démagogie, c'est le socialisme ! Point du tout ! Voyons quel est le pays de l'Europe sur le drapeau duquel est écrit le mot *progrès?* *Est-ce l'Angleterre?* Ne fût-elle point féodale ; elle ne saurait représenter le progrès, car elle est *égoïste*.

Est-ce l'Espagne? Depuis que Napoléon Ier y planta les racines du progrès, la plante a poussé malgré la guerre ; mais elle a été dépouillée de ses feuilles par la France de 1823, qui était l'anti-révolution ; elle a repris un peu depuis 1830, mais elle n'a guère été arrosée et, depuis que l'Angleterre lui a envoyé ses présents d'Artaxercès, son parlementarisme avec son creux bavardage, *l'Espagne* se débat entre la liberté et la réaction, et les principes de 89 ne peuvent y triompher, parce que la révolution y manque de son élément essentiel, — qui est le principe d'autorité.

Est-ce la Prusse? Elle aussi a endossé les friperies du constitutionalisme après d'immenses efforts, et s'amuse de ses joujoux; comme le pauvre Robert par Bertram et Alice, tiraillée et harassée par le progrès d'un côté et la réaction de l'autre, elle se tourne tantôt vers l'Angleterre, tantôt vers la Russie, tantôt vers l'Autriche, et oublie les destinées de l'*Allemagne* pour ne pas rompre avec ses traditions, et pour ne pas attaquer le principe monarchique en diminuant l'indépendance des princes allemands; elle tergiversera, elle diplomatisera, comme à la fin du dernier siècle, jusqu'à ce qu'un jour peut-être, un nouveau *Iéna* vienne la surprendre et la forcer de se retremper dans *l'élément démocratique* des Stein et Altenberg!

Voyons ce qu'a rapporté à l'Allemagne, depuis quarante ans, le constitutionalisme, cette boîte de Pandore tantôt ouverte aux badauds, tantôt fermée; une vingtaine de *chambres* ont délibéré plus ou moins; des montagnes de paperasses, de notes diplomatiques, de protocoles; pas d'unité, pas de direction énergique, pas un vaisseau sur la mer qui déploie le pavillon tricolore; le bon peuple qui doit tout payer, forcé à l'*émigration* par la misère! et quand 1848 est arrivé, toutes ces friperies jetées au vent, tous ces trônes vermoulus tremblant dans leur base, et une société préservée du *communisme* par les excès même de la *république*. Et lorsque l'unité allemande a échoué avec le *parlement de Francfort*, la vieille litanie a recommencé et durera jusqu'à un nouveau désordre!

Est-ce l'Autriche? qui pèse comme du plomb sur l'intelligence du sud-est de l'Allemagne, qui est plus jésuitique que Rome même ; dont les immenses ressources restent non développées, et qui est en état de banqueroute parce qu'elle n'existe que par le sabre !

Est-ce la Russie enfin? Elle ne date que de 1700. Elle est *française* dans les hautes classes, *serve* dans les basses. Elle a une grande destinée qu'elle prépare en émancipant ses *serfs*, grâce à l'influence de la France, et par elle, elle aura ses chemins de fer, que l'Angleterre lui refuse ; dans cinquante ans, elle aura une bourgeoisie éclairée ; avec les lumières et l'aisance viendra la *philosophie*, qui purgera le *christianisme grec* des *superstitions* dont il est entaché, et elle répandra le pur christianisme en Asie, où la France lui préparera les voies et lui donnera la main par la Chine !

VII.

Ainsi, le seul pays sur le drapeau duquel soit inscrit le mot *progrès*, c'est la France.

Et qu'est-ce que c'est que le progrès ? Le progrès, c'est la révolution française ; c'est elle qui est la civilisation moderne ; tout ce qui n'est pas elle, est barbarie. Mais, dira-t-on, il y a à Berlin et à Munich des gens bien gantés, bien bottés, qui aiment la musique, les hautes dissertations philosophiques, et qui ne veulent pas du tout passer pour bar-

bares ! Pourtant, ces gens sont des barbares ! Pourquoi ?
— Parce qu'ils ne sont pas la révolution française, qui est
la civilisation ! Celle-ci cesse à dix lieues de Cologne, au
delà du Rhin, là où cesse le Code Napoléon ; pourquoi les
Rhénans se seraient-ils plutôt laissé écharper qu'enlever
le Code Napoléon ? Parce qu'ils sentaient qu'on voulait les
jeter hors de la civilisation française ! Mais en quoi, dira-t-
on, le reste de l'Allemagne diffère-t-il de cette civilisation ?
En quatre choses : il *veut* ou *subit* la domination et les
priviléges de la noblesse ; l'insolence et l'absolutisme de la
bureaucratie ; la servitude du peuple ; le fétichisme et le
seul droit divin de la royauté. — Ce n'est pas dans les
chartes et les friperies constitutionnelles qu'est la révolution française ! C'est dans les mœurs, c'est dans l'égalité,
la justice et dans le *principe d'autorité !* C'est elle seule au
monde qui consacre l'égalité, donc c'est elle seule qui est
la justice ; *juste,* est ce qui convient à tous ! Ce qui convient à tous, c'est l'égalité !

Notre appréciation de l'Allemagne est sévère et notre
jugement est absolu ! Dans une question de cette nature
l'on ne saurait admettre les nuances délicates, les petites
subdivisions !

Il n'y a qu'une large ligne de démarcation à tracer ! Ce
qui n'est pas vérité est mensonge, ce qui n'est pas lumière est obscurité, ce qui n'est pas civilisation est barbarie !

D'un côté de la ligne est la civilisation du dix-neuvième
siècle, représentée par les principes de 1789 ; de l'autre
côté est la non-révolution, la barbarie ! Que les Allemands

nous prouvent que celle-ci se trouve de notre côté ! La discussion est ouverte ! Nous nous défendrons ; mais nous avons un puissant argument pour nous, c'est que le côté opposé au nôtre fait des efforts, manifeste des tendances pour se rapprocher de nous, tandis que nous ne faisons aucun effort pour renoncer à nos principes et adopter les leurs !

Le dix-neuvième siècle a assez de lumières ; la morale, la religion, la philosophie ont assez de puissance, pour décider de quel côté se trouve la vérité.

Pas n'est besoin de recourir pour cela à l'argument des armes !

Quand on se bat, on ne convainc pas ; on oublie la vérité, on se déchire pour des préjugés ; quand on a noyé la vérité dans le sang, elle n'en reste pas moins la vérité ! Parfois il arrive que ceux qui veulent la combattre trouvent qu'elle s'est glissée jusque dans le canon de leurs fusils et qu'elle combat contre eux !

Les scribes de l'Autriche font calomnier la Révolution française en Allemagne, comme amenant la république et le socialisme ! Il n'y a pas d'erreur plus insigne ! Il n'y a pas de Révolution française *sans le principe d'autorité;* hors d'elle, il n'y a pas de justice ; les deux sont les seules bases durables de la société ! Il n'y a donc que la Révolution française qui soit toujours *conservatrice.*

VIII.

Napoléon Ier n'a pas fait la Révolution française, mais c'est elle qui a fait Napoléon ; sans lui elle n'existait pas, elle était *l'idée*, — *le Père*, — lui était son fils, représentant sa seule vitalité, c'est-à-dire *le principe d'autorité*, et ayant à sa disposition *le moyen*, c'est-à-dire *le peuple ;* *ainsi les trois ne font qu'un ;* séparez-les et la Révolution française périt ! Tuez le fils, c'est-à-dire *le principe d'au- torité*, et vous tuez la Révolution française ; c'est ce que les traités de 1815 ont voulu faire, mais ils se sont trompés ; eussent-ils immolé tous les Napoléon à Sainte-Hélène, la Révolution française eût chômé, jusqu'à ce qu'un autre Napoléon parût, dût-il sortir des entrailles de la terre, qui comprît et saisît *le principe d'autorité* ; ce principe ne peut être délégué *qu'à un seul ;* il ne peut pas être délégué à un Parlement, comme il l'est en Angleterre, parce qu'un par- lement trop divisé ne peut pas faire mouvoir *le moyen*, c'est-à-dire *les masses*, vers un seul but ; il n'y a *qu'un seul*, représentant *une idée*, qui puisse faire mouvoir les masses au nom de cette idée ; — donc la Révolution française est essentiellement *monarchique* ! Mais, dira-t-on, si ce mo- narque, investi d'une telle puissance, voulait se faire tyran, qui l'en empêcherait ? Il cesserait d'être Révolution fran- çaise, car le père, — l'idée, — lui retirerait le moyen, — les masses, — attendu qu'il est impossible que les masses remettent le principe d'autorité à un Denys de Syracuse pour qu'il les tourmente ! — Donc, la Révolution française est éminemment *constitutionnelle !* Lorsque le principe d'autorité existe, la Révolution a le *moyen* et le *devoir* d'être en progrès ! soit par la *paix*, soit, au besoin, par la *guerre.* Elle opère ce progrès en répandant *son idée,* et une de ces idées, c'est *le principe des nationalités* ; ce principe, c'est *la justice !* Une preuve qu'on ne comprend pas du tout, en Angleterre, ni la portée de la Révolution française, ni les nobles principes que représente Napoléon III et qu'il avait énoncés dans son récent discours d'ouverture, c'est que lorsque S. M. dit, à la fin, qu'il doit faire abnégation des mesquins intérêts qui se meuvent dans les régions *infimes ;* le mot *infime* avait été, par la plupart des journaux, donné ou traduit comme « *infâme,* » et de là de longues *discussions* sur une aussi singulière qualification des classes nombreuses qui avaient porté l'Empereur au pouvoir !

IX.

Il faut éclairer ce bon peuple anglais, tant abusé par les ennemis de 89 qui ne le montrent que sous une forme hideuse, comme anarchie, brigandage et destruction de toute autorité ! qui lui disent qu'on n'a pas assez détruit cette hydre par les traités de 1815. — Les insensés !

On peut détruire le principe d'autorité que représentait Napoléon Ier, mais on ne détruit pas l'idée qui est de Dieu, ni le peuple; comme disait Mirabeau, tout périt ici-bas, il n'y a que le peuple qui soit éternel! L'idée de la Révolution française est la quintessence de toutes les idées philosophiques et religieuses qui sont sorties du cerveau d'hommes inspirés ou divins depuis quatre mille ans, lesquelles, enlevées du domaine de la spéculation, ont été appliquées à l'usage du genre humain, ou doivent l'être!

Justice pour tous, fraternité, liberté, égalité politique, voilà ses principes!

Si de tels principes ne produisent pas *le bien*, il est inutile de le chercher ailleurs! Voyons ce qu'a fait leur antipode *la superstition!* Elle a fait et produit l'inquisition, les auto-da-fé, l'extermination des Indiens en Amérique, la persécution des Juifs, la Saint-Barthélemy, les Dragonades et l'Édit de Nantes, les boucheries de la Bohême et de la Hongrie, les guerres religieuses! Elle a coûté la vie à cent millions d'hommes et aujourd'hui encore voudrait-elle armer le frère contre le frère! Mais elle a fait plus et pis que cela. Dieu a dit à l'homme de lever sa noble tête vers les astres! *Elle* a souillé la nature divine de l'homme, elle a dégradé son âme, puis elle l'a envoyé pourrir dans sa corruption et sur son fumier!

Pour le sauver il faut que la Révolution française marche! « Mais dites-vous, rhéteurs allemands, suppôts de l'ancien régime, elle marche, et marche tant qu'elle arrivera au socialisme! » C'est vous, au contraire, avec vos abus et vos priviléges, qui aboutissez au **communisme** et au néant, à moins que nous ne vous sauvions malgré vous !

La Révolution française est toujours *sociale*, puisqu'elle améliore les hommes et la société ; elle est toujours *démocratique*, puisqu'elle est l'égalité; son travail, sa gestation, n'est pas d'un jour, d'un siècle, elle est de tous les temps ! Lorsque de la combinaison de l'idée et du moyen est sorti par la voie du suffrage universel, la force et l'autorité, alors la Révolution française est en *travail actif*, elle s'appelle *Empire* et elle réunit en elle tous les éléments divers *de la République démocratique et sociale*, pour se les assimiler et pour les faire fructifier, tous les éléments, dis-je, excepté sa *faiblesse.* — Lorsque *l'idée* n'illumine que quelques têtes, et que les masses, mal dirigées et trompées, l'emportent sans créer un principe d'autorité, alors la Révolution française est en *travail passif*, travail de destruction, qu'elle continue jusqu'au point d'épuisement ou jusqu'au retour de la raison. — Dans cette condition, avec les meilleures intentions du monde, elle ne crée que des *utopies* et elle fournit à ses ennemis, toujours vigilants, le moyen de la décrier et de se coaliser contre elle ! c'est ainsi que nous l'avons vue en 1848, c'est ainsi que nous la verrons toujours, dans l'état de civilisation non parfaite des masses, quand le *principe d'autorité* ne sera pas prédominant ! Ainsi c'était beau à voir, que l'élan de 1848 pour les améliorations sociales, semblable, hélas ! à un magnifique feu d'artifice ! la foule est heureuse, éblouie ; la joie, le bonheur, se peignent sur tous les visages illuminés comme par des clartés célestes ! quels transports d'amour et de fraternelle concorde ! Mais le rêve est court ; après le *bou-*

quet vient l'obscurité, la désillusion ; on se heurte, on se dispute, on se bat, on se tue ! !

Et au réveil on se regarde et on se dit : « Sots que nous étions, nous croyions faire triompher 89 par le désordre ! » On se hâte de faire ce qu'on aurait dû faire d'abord, on se jette dans les bras *du principe d'autorité.* Si ce principe avait pu prévaloir en 1848, l'Europe serait tout autre aujourd'hui ! 89 eût fait un pas immense ; avec l'Empire, il fera ce pas, mais plus lentement ! Peut-être le fera-t-il sans coup férir, par la force même de l'opinion !

L'Empire, c'est 89 et toutes ses conséquences ! Hier, l'Empire était la paix (mais non pas, comme Juillet, la paix à tout prix,) parce qu'il faut organiser ; — aujourd'hui l'Empire sera le respect du droit et des nationalités, parce qu'il faut que 89 marche ; demain, l'Empire sera le socialisme bien entendu, parce qu'il faut que 89 se réalise ; mais n'ayéz pas peur, chers bourgeois, ce socialisme ne tue pas, il vivifie.

Et quand l'Empire sera-t-il la liberté ? Ah ! nous y voilà ; patience, l'Empire sera la liberté quand sa mission sera comprise, quand *tous les Français* sauront ce que signifie l'Empire ! En attendant, il n'est pas déjà un si atroce despotisme ! il n'y a que la réaction, le *Times* et l'*Autriche* qui disent qu'on ramasse en France les gens dans la rue et qu'on les déporte, sans jugement, à Cayenne ; que Paris fourmille d'agents de police qui arrêtent sans façon les individus dont les noms se terminent en *i,* — Orsini, ou en *opp,* — Allsopp.

— Il est inutile d'affirmer qu'il n'en est rien ; il est vrai, nous avons rencontré des sergents de ville polis, empressés à indiquer le chemin qu'on leur demande, galants envers les dames, des hommes portant bien leurs moustaches retroussées, et montrant sur leur figure animée, ce type gaulois, franc, jovial, sociable, que nous aimons tant ! — Et puis, n'y a-t-il pas de la liberté pour celui qui respecte le *suffrage universel* et le gouvernement qui en est sorti ? N'y a-t-il pas l'*Univers* qui est impunément le moyen-âge en plein dix-neuvième siècle ; le *Journal des Débats*, qui reste le bourgeois constitutionnel doctrinaire de 1830.

Mais on dira, l'Empire, au dehors, a déplu à tous les hommes libéraux. Attendons ! l'enthousiasme de 1848, qui soulevait, au nom de la République, l'Europe et les natiotionalités, qui faisait apporter les clefs de Mayence à Paris, sera pour l'Empire, quand on saura que l'Empire donnera ce que la *République* ne *pouvait* donner ; il faudrait désespérer de la raison humaine si les hommes pouvaient faire seulement de grandes choses dans un paroxysme d'enthousiasme, semblables à un imbécile qui prend trop de vin et devient pour un moment poétique.

L'Empire, c'est le peuple dans sa majesté ! c'est la gloire, c'est le droit ! Il ne peut aimer les traités de 1815 ; on ne comprend pas qu'il puisse y avoir un Français qui ne rougisse à la seule vue de ces traités. Quand sept millions de Français se rangeront comme un seul homme autour de l'Empire et diront : « Nous ne voulons plus de ces traités, » ces traités tomberont ; quand l'Europe aura ouvert les yeux, elle les fera tomber elle-même ; la démocratie anglaise saura que le triomphe de 89 est son propre triomphe ;

que l'émancipation de l'Europe sera la richesse de l'Europe ; que cette richesse ouvrira au peuple anglais une ère de prospérité immense qui vaut bien mieux que 1815 et que le roc de Gibraltar ; quand le peuple allemand saura que le triomphe de 89 par l'alliance franco-germanique est l'unité, la prospérité, la puissance et la dignité de l'Allemagne, il ne se battra pas pour le jésuitisme de l'Autriche et laissera le Hanovre, ce porte-voix de l'Angleterre, — libre de garder ses chevaux, et même ses ânes ! — Éclairons donc et rassurons par tous les moyens l'opinion ; que la France ne fléchisse pas dans la défense du droit ! Machiavelli dit quelque part dans son livre *Il Principe :* « Qu'en politique le Français n'y voit pas plus loin que le bout de son nez. » À voir la baisse de la Bourse depuis le mois de janvier, les doléances de l'*Univers*, les attaques de nerfs des *Débats*, les lamentations des chambres de commerce, on doit s'estimer heureux que le gouvernement français y voie parfaitement clair !

Le principe des nationalités n'a pas pu triompher du temps de Napoléon Ier, parce que les peuples, plongés dans la féodalité, ne connaissaient point ce principe : il fallut donc le violer momentanément pour les préparer à se pénétrer des principes généraux de la Révolution française et pour éveiller leur sentiment national. En 1814, la Sainte-Alliance en tira parti pour ruer l'Europe contre la France, pour violer le principe à son tour, aussitôt qu'il lui eut donné la victoire ! *Qui donc peut trouver mauvais que ce principe reparaisse aujourd'hui à l'horizon ?* La Sainte-Alliance, en serrant la France comme dans un étau, par les forteresses de la Belgique, par Luxembourg, par Mayence, etc., et en lui donnant *les Bourbons*, qui sont l'anti-révolution, — toujours, — avait cru tuer la Révolution française ; quand elle reparut un moment, en 1830, pour perdre *sa force,* c'est-à-dire son principe d'autorité, dans les discussions de la tribune, dans les intrigues et les crises ministérielles ; quand la France ne fit que des bassesses, soit pour plaire à l'Angleterre, soit pour mendier les bonnes grâces des autocrates du Nord, il est évident que, avec la politique de la *paix à tout prix,* le principe des nationalités, comme tant d'autres élans des aspirations nationales, dut être comprimé ; et il est évident aussi que ce gouvernement de Juillet, qui était l'anti-Révolution française, parce qu'il n'avait pas le *principe d'autorité,* devait ou faire rétrograder la Révolution, ou travailler indirectement, en glorifiant tout ce qui se rapportait à son héros, c'est-à-dire à Napoléon Ier, à préparer les voies pour le rétablissement de la dynastie *napoléonienne* et du *principe d'autorité.* Il est évident aussi que la République, qui précéda ce rétablissement, ne put travailler à faire valoir le principe des nationalités, d'abord parce qu'elle n'était pas Révolution française, en ce qu'elle n'avait pas le *principe d'autorité,* et, ensuite, parce que l'eût-elle possédé, elle n'eût pu le faire fructifier, attendu qu'elle préféra s'occuper à l'intérieur *d'utopies socialistes.* — En supposant même que ces utopies puissent un jour devenir des réalités utiles, il est parfaitement inutile de s'en occuper *aussi longtemps que le principe des nationalités n'est pas solidement établi et réalisé en Europe,* afin que là où règne la justice, on ait le droit d'appliquer le *principe d'autorité;* sans celui-ci aucune amélioration durable n'est possible !

Men are but children of a larger growth !

Les hommes ne sont que des enfants d'une plus grande taille.

Ainsi, de même qu'une école ne peut être utilement dirigée sans ce principe, de même un État ! Donc, il n'y a que la Révolution française, au nom de ce principe, qui puisse protéger les positions acquises, s'occuper du véritable socialisme, c'est-à-dire de l'amélioration morale, physique et intellectuelle du peuple ; faire valoir le principe des nationalités et assurer la paix au monde. Donc, l'Empire, c'est la Paix !

DEUXIÈME PARTIE

QUESTION POLITIQUE

X.

Le respect des nationalités ! voilà notre drapeau ! Mais l'indépendance complète de l'Italie ne suffit pas aux besoins futurs de la civilisation, au repos durable et à la prospérité de l'Europe, au progrès nécessaire et enfin décisif, des principes de 1789 !

Pour assurer la liberté des *détroits*, il faudra que l'Angleterre fasse quelques légers sacrifices ; qu'elle abandonne l'occupation menaçante et exclusive de Malte, Gibraltar et Heligoland, qu'elle en fasse des stations neutres ou anglo-françaises ; qu'elle exauce enfin le vœu des Ioniens, pour leur réunion avec leurs frères de la Grèce ! Nous demandons aussi que le Schleswig-Holstein soit complétement réuni à l'Allemagne ; que la Hongrie ait son indépendance ; que les Polonais de la Galicie se réunissent aux Polonais du royaume de Pologne, dont la Russie respectera la langue, la religion et les traditions, et dont alors l'avenir sera plus grand, par la grandeur même des vastes ressources de cet empire! Que la navigation de tous les grands fleuves du monde devienne entièrement libre, ce qui implique l'abolition des droits perçus par le Hanovre à Stade, par la Hollande sur l'Escaut, par l'Autriche sur le Danube, et que les canaux de Nicaragua et de Suez soient faits incessamment, dût-on y employer tous les diplomates allemands qui, alors, perceraient quelque part, et que ces canaux soient inaugurés par une fête donnée au genre humain tout entier!

Et les traités de Vienne? dira-t-on. Mais qui peut invoquer aujourd'hui les Traités de Vienne, faits par les rois contre les peuples et violés par ceux-là chaque fois que leur intérêt l'a exigé, en Belgique, à Cracovie, dans la Pologne, en Allemagne et en France, quand ces traités ont stipulé que les descendants de Bonaparte ou du général Bonaparte ne monteraient jamais sur le trône de France!

La diplomatie devra modifier ces traités; mais, s'il le fallait, on irait les déchirer dans Vienne même!

Les besoins impérieux du temps, la sécurité de la vieille Europe, qui est la risée de tout homme éclairé aux États-Unis, la religion, la morale, la famille, la paix, tout exige que d'autres principes régissent la société européenne!

Les poëtes chantent la fraternité et l'alliance des peuples; la loi morale commande l'amour du prochain; la rapidité des chemins de fer et la vie matérielle rendent impérieux l'échange et les communications faciles, et tout cela est impossible sans le respect des nationalités! Soyons de bonne foi! Comment veut-on qu'un Italien, dont la langue harmonieuse est celle des Dante, des Tasse, des Pétrarque et de tant d'autres qui ont illustré sa *patrie*, éprouve de l'amour, de la fraternité pour un Croate, un Pandour, un bipède avec une figure de bouledogue coiffé d'un bonnet d'ours, qui baragouine une langue rappelant les sons rauques des animaux féroces, et qui pénètre en maître dans sa maison, vient lui enlever sa bourse par les impositions, son fils par le recrutement ! et ce fils, qui aime sa famille, la chaumière de son vieux père, le soleil et le beau ciel de sa patrie, est envoyé de force comme soldat dans les hideux villages de la Croatie, pendant sept ou dix ans, pour y mourir de nostalgie. Cela fait frémir ! Et pourtant cela est ! Quel peuple, ayant quelque dignité, le souffrirait ? Quand nous demandons à l'Anglais le plus admirateur du *Times* et des Traités de Vienne : que feriez-vous si les Russes occupaient votre plus belle province, le Yorkshire, par exemple, et vous traitaient ainsi ? « Nous les tuerions cent fois, » répond-il avec sa citation favorite :

« Hereditary bondsmen, ye remember, that *he* who will, be free, *must strike the blow!* »

Esclaves héréditaires, rappelez-vous que celui qui veut être libre doit frapper le coup !

Malgré les traités ! Oui malgré les traités ! malgré toutes les saintes-alliances passées, présentes et futures ! L'Anglais devient très-pathétique, quand il s'agit de sa propre liberté ; mais lorsqu'il s'agit de celle des autres, il met d'abord ses lunettes et consulte son grand-livre ! Permettez donc aux autres de faire une fois ce que vous feriez cent fois !

Non, l'Autriche ne peut pas garder l'Italie ; puisqu'elle ne veut pas s'en aller, que les Italiens la prient poliment, l'implorent même, et si cela est en vain, que la la force, la ruse agissent pour exterminer l'oppresseur !

Et encore, la Lombardie ne lui doit-elle aucune indemnité. L'Autriche a ruiné le pays ; sur 160 millions de francs qu'elle en tire chaque année, elle dépense 40 millions seulement pour le service de la Lombardie, les autres 120 millions pour ses menus plaisirs en Allemagne ! Depuis 1848, les impôts ont presque doublé et écrasent les propriétaires, surtout depuis les mauvaises récoltes des soies,

Toute énergie est enlevée à l'Italien, son génie, ses arts, sa gaieté, le charme de la société, le bonheur du foyer, tout se perd, car la femme italienne est plus patriote même que les hommes !

Ainsi, Autriche, le plus vite tu t'en iras sera le mieux pour toi, car tu es haïe, exécrée.

XI.

L'Angleterre, du moins le peuple anglais, ne saurait longtemps se ranger du côté de l'Autriche. Jusqu'à présent il est pénible de dire que le droit des nationalités, la justice, ne peuvent compter sur elle ; le discours de la couronne, les ministres au Parlement, les clubs, les journaux, tous ont parlé sur un ton de violence contre l'Italie, en faveur des traités, et ensuite contre la France.

Résumons les faits, sans autre commentaire. Quelques jours après la publication de la brochure *Napoléon III et l'Italie*, dans un club fréquenté par des hommes intelligents et soi-disant du parti démocratique (puisque M. Bernard y était), on avait posé cette thèse :

« Serait-il plus honorable et moins dispendieux pour l'Angleterre, de faire de suite la guerre à Louis-Napoléon, que de se voir exposée, par le fait de sa politique, à augmenter chaque année ses dépenses et ses impôts? »

Des discours violents contre la France, contre l'Empereur, furent débités et on alla aux voix pour conclure à l'affirmative. Lorsqu'ensuite le docteur Bernard fit à cette assemblée, par un *speech* en anglais, la proposition claire et précise de livrer moyennant 10,000 livres (250,000 fr.), l'Empereur à l'Angleterre dans la tour de Londres, on put lire sur certaines figures l'incrédulité, mais aussi le désir de se débarrasser *d'un tel ennemi.*

Malheureusement, l'histoire nous montre que pour l'Angleterre l'argent a toujours été l'auxiliaire de l'épée ; comme jadis à Carthage, cette maxime paraît enracinée et ne se modifiera probablement que lorsque l'Angleterre sera devenue démocratique.

Reportons nos souvenirs en arrière. Charles Ier fut vendu par les Écossais aux républicains anglais moyennant 30,000 livres ; du temps des Stuarts, l'amiral Blake fit l'offre au roi expulsé Jacques II, qui était l'allié de la France, de lui livrer toute la flotte anglaise moyennant 100,000 livres (1) ; la maison de Hanovre eut pendant longtemps à sa solde un individu du nom de Hamilton, qui devait assassiner tous les Stuarts, et la couronne d'Angleterre lança à cette époque une proclamation par laquelle elle offrit 100,000 livres (2 millions et demi), pour la tête du prétendant. — On sait quel rôle important l'or anglais joua sous les Pitt, etc., en Vendée, dans la Bretagne, dans les conspirations de Paris, etc.

Pitt, Burke continuèrent la politique de Chatham, qui avait pour maxime « que l'Angleterre sera ruinée du

---

(1) *Stuart Papers*, documents secrets de la maison des Stuarts jusqu'à la mort du cardinal d'York, qui furent achetés, en 1818, par Georges IV.

moment qu'elle sera forcée d'être *juste* à l'égard de la France. »

Et d'après ce qui se passe, on dirait que beaucoup d'Anglais paraissent la suivre aujourd'hui. — L'or anglais a joué son rôle dans toutes les révolutions du continent. — Il y a quelques jours, le *Times* répondit à un membre du Parlement qui soutenait qu'on essayait en France des canons d'une construction inconnue en Angleterre :

« Il faudrait que l'or anglais n'eût plus de *charmes*, ou « qu'il ne se rencontrât plus d'hommes assez fins pour faire « les espions, pour qu'il se passât quelque chose en France « ou ailleurs, que l'Angleterre ne sût point. »

On contribua à la perte du gouvernement de Charles X, à cause de la conquête d'Alger et de la convention secrète avec la Russie, et on peut lire imprimées dans les lettres intimes d'un archi-Tory, ces curieuses remarques écrites quelque temps après l'attentat Fieschi :

« Louis-Philippe a maté le parti républicain, il paraît *n'avoir plus besoin de nous*; il fait toutes les *bassesses* pour se rapprocher des puissances du Nord et refuse de coopérer avec nous en Espagne ; heureusement Orléans et Nemours se plaignent de leur insuccès dans leur voyage matrimonial ; les ambassadeurs de Saint-Pétersbourg et de Vienne sont en butte à une foule d'insolences ; dans une soirée, la princesse de Metternich répondit à M. de Saint-Aulaire, qui la complimentait sur un diadème ou couronne magnifique qu'elle portait : Oui, Excellence, du moins n'est-elle pas volée !

« Ce gouvernement ne durera pas, » etc. Ceci était écrit déjà en 1836 !

XIII.

Depuis ce moment jusqu'à la chute du gouvernement de Juillet, n'avons-nous pas toujours vu la sourde ou aveugle hostilité de l'Angleterre ; l'isolement de 1840 ; la honteuse indemnité payée à l'accoucheur Pritchard, celle au juif portugais Pacifico, et lorsque, à la suite des mariages espagnols, Louis-Philippe se déclara ouvertement pour l'Autriche et contre la cause libérale, cet envoi de lord Minto en Italie, qui, avec les mots de nationalité, d'indépendance, souleva toute l'Italie, espérant bien qu'il y aurait un contre-coup en France.

Quel changement de langage aujourd'hui. Palmerston, Derby, Russell, tous, Whigs, Tories défendent les traités et vantent le régime autrichien. Le *Times* publie un article violent contre le droit des nationalités, où il dit :

« The sentiment of nationality must not be allowed to interfere with the established divisions of political power in the world ; men should acquiesce infacts, and be content with any good government, when they are fortunate enough to find one. »

Il ne doit pas être permis au sentiment de nationalité de se mêler dans les divisions établies du pouvoir politique dans le monde ; les hommes doivent se soumettre aux faits et être contents avec n'importe quel bon gouvernement, lorsqu'ils sont assez heureux pour en trouver un !

Quelle aimable philosophie que celle de ce journal !

VIII.

On ne pardonne pas à l'Empereur d'avoir, depuis 1852, créé une flotte et d'avoir à flot trente-trois vaisseaux de guerre de première classe, tandis que l'Angleterre n'en a que trente.

L'Italie indépendante aura une marine; la Russie a déjà une station à Villafranca; l'Angleterre sera menacée à Malte! On ne veut pas du canal de Suez, qui donnerait le transit à la France et à l'Italie; on attire à Londres le canal du Nicaragua de M. F. Belly parce qu'on ne peut s'y opposer et qu'on serait devancé par les États-Unis.

On dénature la pensée de l'Empereur et les paroles généreuses du discours. Tout ce que la France veut, dit-on, c'est établir un royaume en Italie pour le prince Napoléon et reprendre ses frontières du Rhin.

On représente l'opinion publique en France comme tout à fait contraire à la guerre, et le *Times* dit que la France saura bien forcer le souverain qu'elle s'est donné à se soumettre aux *lois de la morale et de la justice!* Où les a-t-il violées?

Dans son fameux *speech* du 26 février, Palmerston affirme d'une manière insouciante que la cause de tout cela est la jalousie de la France et de l'Autriche à Rome, que l'évacuation la fera cesser; que l'Autriche a un parfait droit d'avoir des traités particuliers avec les *princes italiens.* On représente la France comme ayant violé la liberté romaine, tandis que cette même occupation avait été appuyée et conseillée par lord Palmerston dans ses dépêches à lord Normanby.

Lord John Russell lui-même, l'homme de la liberté civile et religieuse chez lui, conseille à l'Italie de tout espérer des négociations, et M. Gladstone, qui nous avait tous émus par son éloquent pamphlet sur les horreurs de Naples, ne sort pas des rangs des conservateurs. Le *Morning Post* a un violent article contre Poerio et les Italiens débarqués en Irlande, et quelques jours après propose une souscription en leur faveur !

La finance de la Cité conseille à l'Autriche de ne faire aucune concession à son droit légal, et de mépriser les menaces de Napoléon comme le Portugal aurait dû les mépriser !

Comment la mission de lord Cowley à Vienne, représentant une telle politique, pouvait-elle produire une hausse à la Bourse ?

Comment veut-on qu'un pays éprouve des sympathies pour les nationalités, qui n'a su se concilier ni s'attacher aucune nationalité, ni l'Irlande, ni les îles Ioniennes, ni le Canada, ni l'Inde ! qui, dans son sein même, ne connaît que le *Divide et impera!* qui conserve, dans ses poids et mesures, les divisions, de ville à ville, du moyen âge !

XV.

Non content de démoraliser le public anglais, le *Times*, par ses correspondants, qu'il a partout, répand l'insulte sur tout ce qui montre quelques sympathies pour la France sans craindre d'avoir recours au mensonge, à la calomnie; il y a quelques semaines, il parut à Berlin une brochure qui fit sensation, intitulée *la Politique de l'empereur Napoléon III devant l'Europe*, par un Allemand. Aussitôt le

Times d'imprimer que cet auteur était un jeune fou, « connu seulement dans les maisons de jeu et de débauche, qui, au sortir d'une orgie, avait eu recours à un écrivain public pour jeter sur le papier ses folles idées, et que l'Empereur Napoléon avait dérogé à sa dignité en adressant à un tel auteur une lettre autographe. » C'est ainsi que le *Times* écrit l'histoire !

Pour donner le change à l'opinion, le journal annonce autre part, que la Prusse, comme toute la confédération avec *leur armée de 1,200 mille hommes* est pour l'Angleterre. Pourtant, si l'Angleterre est détestée, c'est par le parti démocratique allemand ; on n'a pas oublié les intrigues contre l'unité allemande, contre la diète nationale de Francfort contre les tendances allemandes du Schleswig-Holstein ; d'un autre côté, le parti aristocrate en Prusse n'est guère anglais, mais a toujours été russe.

L'Angleterre fait tout son possible pour nuire au crédit du Piémont et de la France, et si elle a montré si peu d'empressement à souscrire à *l'emprunt autrichien,* c'est que toute confiance est perdue ou qu'elle a l'intention de lui faire parvenir du secours d'une autre manière.

Malgré tout l'appui de la maison Rothschild, baron autrichien, à Londres, qui jadis daigna dire à l'empereur d'Autriche: « Je puis assurer votre majesté que la *maison de Rothschild* sera toujours enchantée de faire tout ce qui pourra être agréable à la *maison d'Autriche.* » Malgré l'abondance des capitaux et le taux de l'argent à 1 1/2 0/0 par an, tandis que l'emprunt autrichien à 78 pour du 5 0/0 offrait 6 1/2 0/0 d'intérêt, sur les 6 millions de liv. st. demandés, on souscrivit 1 million seulement, et cette rente même se négocie déjà à 2 0/0 de perte ! L'Autriche trouve vraiment que la maxime :

« *Si vis pacem para bellum,* » lui coûte fort cher, et sa

Banque est, dit-on, sur le point de suspendre de nouveau les payements en espèces.

XV.

Dans l'ordre moral, comme dans la sphère politique, il y a la même sécheresse de cœur et la même absence de sympathie ; on se félicite que cette génération de Byron, qui s'intéressait tant au sort de la Grèce, soit éteinte! mais on oublie que Byron non-seulement déplore le sort de l'Italie , mais pressent la chute de l'Angleterre, tandis que Carlyle , le Jules Simon de l'Angleterre, annonce ce déclin avec l'éloquence de Gibbon, dans son *Déclin de Rome;* les nobles vers de Byron sont frappants d'actualité :

> Thus Venice, if no stronger claim were thine,
> Were all thy proud historic deeds forgot,
> Thy choral memory of the bard divïne;
> Thy love of Tasso should havecut the knot,
> Which ties thee to thy tyrants ; and thy lot,
> Isshameful to the nations. — Most of all.
> *Albion ! tho thee :* the Ocean queen should not.
> Abandon Oceans children ; in the fall,
> Of Venice think of thine, despite thy watery wall!

Ainsi Venise, si tu n'avais pas de plus forts droits, si tous tes nobles faits historiques étaient oubliés, ta mémoire du poëte, de ce barde divin, ton amour du Tasse devrait avoir coupé le nœud q u t'attache à tes tyrans ; et ton lot est une honte pour les nations, — particulièrement pour toi, Angleterre,— la reine de l'Océan ne devrait pas abandonner les enfants de l'Océan ; dans la chute de Venise pense à la tienne, malgré ton enceinte d'eau.

Jet, Italy! through every other land,
Thy wrongs should ring, and shall, from side to side ;
Mother of arts! as once of arms; thy hand,
Was then our guardian and is still our guide ;
Parent of our religion ! whom the wide
Nations have knelt to for the keys of heaven !
Europe, repentant of her parricide,
Shall yet redeem thee, and, all backward driven,
Roll the barbarean tide, and sue to be forgiven !

Oui, Italie, à travers tout autre pays, les injustices que tu subis devraient retentir, sonner, et retentiront de toute part ! Mère des arts ! comme jadis des armes, ta main était alors notre tuteur et est encore notre guide. — Père de notre religion ! que les nations distantes ont adorée à genoux pour les clefs du ciel, l'Europe, repentante de son parricide, te rachètera encore, et, chassant tout en arrière, repoussera le flot barbare et demandera à être pardonnée.

Pour répondre aux détracteurs de l'Italie, qui prétendent qu'elle a dégénéré, que le peuple est indigne, qu'elle est morte, voici ce que Byron écrivit à son ami Hobhouse, en lui dédiant son poëme de *Childe Harold :*

« It may be enough, for my purpose, to quote from their own beautiful language.

« Mi pare che in un paese tutto poetico, che vanta la lingua la più nobile ed insieme la più dolce, tutte, tutte, le vie diverse si possono tentare, e che sinche, la patria di Alfieri e di Monti non ha perduto l'antico valore, in tutte essa dovrebbe essere la prima. »

« Italy has great names still Canova, Monti, Ugo Foscolo, Pindemonte, Visconti, Morelli, Cicognara, Albrizzi, Mezzophanti, Mai, Mustoxidi, Agtietti, and Vacca, will secure to the present generation an honorable place in most of the departments of Art, Science and Belles Lettres ; and in some the very highest — Europe — The world — Hasbut one Canova.

« *That* man must be wilfully blind, or ignorantly heedless, who is not struck with the extraordinary Capacity of this people or, if such a word be admissible, their Capabilities, the facility of their acquisitions, the rapidity of their conceptions, the fire of their genius, their sense of beauty, and, amidst all the desolation of battles, and the despair of ages, their still 'unquenched " longing after immortality " — *The immortality of independence.* — And when we ourselves, in riding round the walls of Rome, heard the simple lament of the labourers chorus, « Roma! Roma! Roma! Roma non è più come era prima, » it was difficult, not to contrast this melancholy dirge, with the bacchanal roar of the songs of exultation, *still Jelled from, the London taverns*, over the Carnage of Mont-Saint-Jean, and the *betrayal* of Genoaa, of Italy, of France, and of the world by men whose conduct you yourself have exposed in a work, worthy of the better days of aur history. For me

> « Non movero mai corda
> « Ove la turba di sue ciance assorda. »

« What Italy, has gained by the late transfer of nations, it were useless for Englishmen to inquire, till it becomes ascertained that England has acquired something more than a permanent army, and a suspended Habeas Corpus ; it is enough for them to look at home. For what they have done abroad, and especially in the South, " *verily they will have their reward*," *and at no very distant period* (1) ! »

(Venice, 2 january 1818. — BYRON.)

Il peut suffire pour mon intention de parler ici dans leur belle langue :

Il me paraît que dans un pays tout poétique, qui peut se vanter d'avoir la langue la plus noble, et, par conséquent, la plus douce, toutes les voies diverses peuvent se tenter, et que, attendu que la patrie d'Alfieri et de Monti n'a pas encore perdu son antique valeur, parmi toutes les nations, elle devrait être la première.

L'Italie a encore de grands noms, Canova, etc., qui assureront à la présente génération une place honorable dans la plupart des départements des arts, des sciences et belles-lettres, et dans quelques-unes la plus élevée, l'Europe, le monde, n'a qu'un Canova !

Cet homme doit être volontairement aveugle ou crassement stupide, qui n'est pas frappé par la capacité extraordinaire de ce peuple, ou, si un tel mot peut s'admettre, leurs *capabilités*, la facilité de leurs acquisitions, la rapidité de leurs conceptions, le feu de leur génie, leur sentiment de la beauté, et, au milieu de tous les désavantages de révolutions répétées, leur soif toujours ardente de l'immortalité, de l'indépendance !

Et lorsque nous-mêmes, en parcourant à cheval les environs des murs de Rome, entendions la simple complainte du chœur des laboureurs : « Rome, Rome, Rome, Rome, tu n'es plus ce que tu étais jadis ! » il était difficile de ne point contraster ce simple chant avec le hurlement bacchanal des cris de triomphe qui s'aboyaient encore dans les tavernes de Londres, sur le carnage de Waterloo, sur la trahison envers Gênes, envers l'Italie, envers la France et le monde, par des hommes dont vous avez exposé la conduite dans un ouvrage digne des meilleurs jours de notre histoire ! — Quant à moi,

> Jamais je ne mets en mouvement une corde
> Ou la vile multitude m'assourdit de ses clameurs !

Ce que l'Italie a gagné au dernier échange de nations, inutile pour les Anglais de s'en informer jusqu'à ce qu'il devienne démontré que l'Angleterre y a gagné quelque chose de plus qu'une armée permanente et un *Habeas Corpus* suspendu ! C'est assez pour eux (les Anglais) de regarder chez eux ! car, pour ce qu'ils ont fait ailleurs, et particulièrement dans le midi :

En vérité, ils auront leur récompense, et cela à une époque peu distante.

(Venise, 2 janvier 1818. — BYRON.)

Voilà de la part de l'Anglais le plus noble, la plus complète condamnation de *l'égoïsme anglais et des traités de* 1815.

XVI.

Que le peuple anglais pèse ces paroles et qu'il contribue à *faire justice à l'Italie*, qu'il pèse aussi les éloquentes paroles de Carlyle, qui lui dit : que toutes ses institutions s'écroulent, ne sont qu'un solennel et grotesque mensonge, le Parlementarisme une immense corruption, l'Église un mensonge vivant, la société avec les coudes percés, partout des haillons et de la misère ; pour la sauver, qu'il faut se diriger vers l'idée d'amour, de justice, de fraternité, attendu que la poésie, la vertu, la religion sont les immuables bases de l'univers.

Faites donc justice à l'Italie.

Jusqu'à présent tout prouve qu'elle ne peut compter sur l'Angleterre, dont la seule sympathie intéressée est un vœu pour la chute *de la Papauté* et pour le *maintien des traités.* Tous ceux qui diffèrent d'opinions, l'Angleterre les insulte. Mais nous, la démocratie, nous la rappelons à l'ordre.

L'alliance française existe, non une affaire de sentiment, mais un mariage de convenance, une union basée sur et dictée par *l'intérêt mutuel.* L'Empereur l'a scrupuleusement respectée ! jusqu'à ce qu'il y ait des actes contraires, cessez donc, vous, *Times et vos confrères,* de lui attribuer des intentions de *guerre et d'invasion* ; si vous le forcez à la guerre, l'Angleterre aura affaire non-seulement à la France, mais à la démocratie *d'Allemagne.* Nous sommes forts, car nous avons pour nous le nombre, le droit, l'intelligence et la vertu. Cessez aussi de vous lamenter sans cesse sur le prétendu despotisme qui pèserait sur la France ; vous adopteriez demain la réforme Bright, que l'Angleterre serait encore de cent ans en arrière de la France ; tâchez d'arriver vite à votre 89 et d'éviter un 93.

Vous avez peur de la réforme, vous avez peur de la guerre ; vous montrez derrière vous l'armée prussienne, mais songez donc qu'il n'y a pas un Prussien, pas un Allemand digne de ce nom, qui verserait encore son sang pour l'Angleterre. Depuis 1814, les baïonnettes sont devenues intelligentes. Les temps sont passés où les princes allemands vous vendaient leurs sujets comme du bétail, pour payer leur luxe et leurs maîtresses. — La maison royale de Prusse à un avenir malgré vous et en dehors de vous ; elle ne le compromettra pas pour vous, et songera à ces paroles de Victor Hugo dans ses feuilles d'automne :

Oh ! Rois, veillez, etc.
Soyez de votre temps, écoutez ce qu'on dit,
Et tâchez d'être grands, *car le peuple grandit.*

XVII.

Cessez de calomnier sans cesse la Révolution française, elle est comme le soleil, elle luit et ne se défend pas. Songez à votre propre histoire. Vos deux révolutions ont été principalement une guerre religieuse et une défaite pour la démocratie ; le fait est que toute votre histoire a été une lutte des grands *pour la propriété;* pour dire le mot, un brigandage, où le peuple a payé la rançon et où les grands principes sont restés et restent encore à l'état de fictions.

Les nobles, enrichis sous le *vertueux* Henry VIII par la

spoliation des couvents, d'autres sous Marie par le massacre des protestants ; d'autres sous Elisabeth par les exécutions catholiques en Irlande, finirent par donner ombrage aux hobereaux pauvres sous Charles Ier, qui se servirent habilement des Roundheads fanatiques pour le triomphe de leur cause ; ceux-là s'enrichirent à leur tour et devinrent un moment sérieusement protestants. Mais les nobles spoliés et d'autres jaloux ramenèrent bientôt une réaction catholique et une autre spoliation sous Jacques II, jusqu'à ce qu'enfin son gendre, *le Hollandais*, vint le débarrasser de sa couronne et résoudre la grave question *de la continuelle transmission des biens*, en disant à la nation, de bon cœur, mais en drôle de français :

« C'est pour votre bien, *pour tous vos biens,* que j'aborde votre rivage avec 15,000 braves affamés. »

Le Parlementarisme s'établit alors, c'est vrai ; mais quant aux libertés démocratqiues, tous les aristocrates s'entendirent parfaitement pour les escamoter au peuple, et lui ont fait payer de plus, et font payer encore, 30 millions de livres sterling par an (750 millions de francs) d'intérêts, pour supprimer ces idées impérissables en *France. La France* a le suffrage universel. Jusqu'en 1832 *vous* aviez des villes de trois cent mille habitants, comme Leeds, sans le droit de nommer un représentant, tandis que des bourgs-pourris de quatre cents individus, propriété d'un lord quelconque, nommaient deux ou trois députés. — Encore aujourd'hui, un homme comme *Lamartine*, payant dans un comté moins de 50 livres ou 1,250 francs de loyer (et dans les champs c'est beaucoup) pour sa maison, n'a pas de vote ; tandis qu'un ouvrier qui a un *freehold* cottage (franc tenancier) de 2 livres par an, a un vote. — Tel est le cas que vous faites de l'intelligence.

XVIII.

Ce système électoral anglais serait quelque chose de parfaitement comique si la fraude et la corruption n'étaient pas toujours un malheur! On dirait que tous les jongleurs politiques se sont réunis pour inventer un système compliqué qui fasse croire au peuple qu'il a quelque liberté, et qui concentre en réalité le pouvoir entre les mains de l'aristocratie territoriale! Un étranger se laisse éblouir facilement, et va, comme M. le comte de Montalembert, prendre un bain de vie trop prolongé en Angleterre; seulement M. de Montalembert le prenait dans la société fashionable de Brighton, dans les châteaux de l'aristocratie! S'il l'avait pris aussi bien dans le Bermondsey, le Whitechapel ou les bouges de Stepney, où pourtant il y a aussi un peuple anglais, le noble écrivain en eût été moins enchanté.

Enfin, la trame électorale est habilement ourdie; les votes des communes, des comtés, les francs-tenanciers, les tenanciers à bail, les fiefs, l'église, les paroisses, la cité, sont tellement groupés et nuancés, que les cartes se mêlent de manière que l'atout revienne de droit à l'*aristocratie* et que le peuple perde la partie invariablement. Le Réform-Bill de 1831 même, tout en octroyant le droit électoral à ces quelques grands bourgs sus-mentionnés a, en définitive, augmenté considérablement le nombre des députés *pour les comtés* où se trouve la force de l'aristocratie. — Lord John Russell, le Whig (ou Tory déguisé) s'y est fait acclamer comme libéral, tout en jouant la partie entre les mains de ses amis les Tories; en revanche, il a agité depuis, pendant dix ans, au nom de *la grande liberté* civile et religieuse dont il est le champion, — pour l'admission au Parlement du baron de Rothschild, nommé comme lui par la cité de Londres, et la liberté a enfin remporté cette *grande* victoire, sans danger réel pour l'aristocratie, car il n'est guère probable que M. de Rothschild soit jamais un révolutionnaire bien dangereux.

Dans le bill actuel proposé par lord Derby, — le chef des Tories, — l'Angleterre présente au monde cette singulière anomalie que les mesures soit disant libérales sont toujours présentées et gagnées par le parti aristocratique. — On se garde bien d'augmenter le nombre des électeurs des villes, mais on propose la réduction, pour les comtés (aristocratie territoriale), du cens électoral de 50 à 10 livres, égal à celui des villes, de manière que M. Lamartine louant une maison, dans la contrée, de 250 fr. de loyer, aura enfin un vote — (et on admet pour les villes quelques capacités), mais on écarte *les scrutins secrets;* ainsi, cette loi, si elle passe, augmentera le nombre des *électeurs des comtés*, le nombre des *députés des comtés*, par conséquent la force de l'*aristocratie territoriale;* c'est assez adroit! Il n'y a qu'en Angleterre où l'aristocratie puisse être battue et vaincre en même temps!

Et comme tous les personnages politiques jouent bien leur rôle dans cette grande comédie!

Lors de la présentation de la loi, deux ministres tories, collègues de lord Derby, — donnent leur démission parce qu'ils trouvent le projet de loi beaucoup trop libéral, — première farce, — pour que le parti et le *Times* puissent dire au peuple : « Voyez l'immense concession, au point de nous brouiller avec nos meilleurs amis; acceptez et dites merci ! »

Deuxième farce : — Lord John Russell, qui voit que le pays se prononce contre la loi, se drape dans son quasi-libéralisme et propose , — à grands coups de caisse, — un amendement insignifiant qui ne change rien au fond, pour que, quand le ministère tombera à la suite de cet amendement, il arrive au pouvoir et fasse alors adopter, comme victoire, à peu près le même projet qui aura renversé ses prédécesseurs. — Pour faciliter cette adoption, lord Palmerston , l'ennemi invétéré du scrutin secret, trouvera le projet de lord John extrêmement libéral.

Troisième farce : — Earl Grey, un des principaux champions de la réforme aristocratique de 1831, fait semblant d'exhorter lord John,—au nom de la paix, de la tranquillité de l'Angleterre, et surtout pour ne pas retarder d'un jour l'adoption de la réforme Derby qui, si elle n'est pas assez libérale, peut être modifiée en comité,— de *renoncer tout à fait à son amendement*, et il fera ensuite valoir son libéralisme en votant pour le projet de lord John, quoique celui-ci n'ait pas écouté son conseil !

Enfin, disons le mot, tous s'entendent pour combattre les tendances démocratiques du siècle et les principes de 1789!

Nous sommes curieux de voir combien de temps encore le peuple anglais jouera le rôle de polichinelle, dont les aristocrates et le *Times* tiennent la ficelle !

Il a pourtant bien besoin de réformes pratiques dans toutes les branches de l'administration, l'armée et surtout la justice ! Les grades d'officiers se vendent ou se donnent à l'aristocratie ! Le soldat comme le marin sont encore sujets à la *schlague*.

XIX.

La justice non-seulement est aveugle, mais parfaitement ruineuse pour les plaideurs. — Point de tribunaux de commerce, point de procès possible pour le pauvre ! Citons deux exemples :

Une dame, veuve d'un officier, vivait, retirée dans la province, du produit d'un petit capital de 7 à 800 livres ; lui vint un héritage non contesté par testament, en biens fonds, de 10 à 12,000 livres ; les formalités, pour faire valoir ses droits, étaient nombreuses et coûteuses ; un homme de loi, — sollicitor, — s'insinua dans ses bonnes grâces, se fit remettre les papiers pour poursuivre l'affaire à Londres ; un long temps se passe ; peu à peu il soutire à la veuve, pour frais, tout son capital ; ruinée, elle vient à Londres ; se loge chez de braves gens, des ouvriers, peu aisés, mais laborieux et obligeants ; les frais continuent leur train, elle leur emprunte, elle emprunte aux voisins, elle vend ses hardes, tout passe entre les mains du sollicitor, qui demande encore 50 livres pour pouvoir, enfin, liquider et toucher ; la pauvre femme ne peut les donner, *il refuse les papiers ;* déguenillée, malade, elle se traîne au bureau du commissaire de police de sa paroisse ; le magistrat la reçoit avec bonté, fait citer le sollicitor, qui, d'un air hautain, déclare que *oui* il a les papiers, qu'il les rendra contre 50 livres qui lui sont dues et pas autrement ; il reste inflexible. Le magistrat lui-même, touché, dit à la veuve qu'il est désolé que cette question sorte de sa compétence, que c'est un autre tribunal qui doit la décider ; que tout ce qu'il peut faire pour elle, c'est de lui donner un secours de la boîte des pauvres et un billet pour l'hôpital ; elle y va, elle y meurt ; le sollicitor garde les papiers et probablement la propriété.

Autre exemple :

Un brave tailleur, de Régent Street, engage un voyageur pour prendre des ordres et encaisser des comptes ; il avait ses appointements, et, pour commission et frais, une part dans les bénéfices ; de là complication quant à la loi ! Le voyageur touche des fonds, dont il ne rend pas compte ; il doit 50 livres au tailleur, son patron ; celui-ci l'assigne ; l'affaire se traîne en *chancery* et se termine ainsi : le tailleur *gagne* parfaitement, mais n'obtient pas un centime des 1,250 fr. ; en revanche il doit payer 15,000 fr. de frais. Le pauvre homme est démoralisé ; il néglige ses affaires, il s'adonne à la boisson, son commerce est ruiné, sa femme devient folle et lui s'ôte la vie ! Les enfants mendient dans la rue ! L'enquête formelle se fait sur le cadavre, le jury le plus minutieux prononce comme de coutume « insanité momentanée, » la tombe se ferme, le bruit de Londres passe là dessus, comme sur tant d'autres, et Thémis va procéder à d'autres victimes !

Quant à la loi sur les faillites, malgré le *habeas corpus*, elle exposait parfois le débiteur à un emprisonnement purement capricieux, aux frais de son créancier ; — on a vu tel individu qui restait pour une dette de 25 fr. vingt ans en prison ! On discute en ce moment une loi dans le Parlement qui va obvier à cet inconvénient, et, d'après le dire d'un éminent légiste, si elle est adoptée, elle aura pour effet d'envoyer le créancier en prison, tandis que le débiteur sera parfaitement libre !

Les Anglais, qui ont déjà une tendance si marquée à contracter des dettes, pourront dorénavant se donner ce plaisir à cœur joie ! Et le paradoxe anglais, que les peuples et les individus ayant beaucoup de dettes sont plus riches que ceux qui n'en ont pas, deviendra peut-être une vérité !

Votre Église, si fanatiquement anti-catholique, est *la moins protestante* possible ; des millions d'enfants du peuple grandissent dans la misère et sans instruction, et vos paresseux évêques palpent des revenus de 500,000 francs, tandis que vos prédicateurs et ministres actifs touchent en moyenne 2,000 fr. de salaire à peine suffisants pour nourrir leur famille souvent nombreuse. — Votre Église opulente perçoit, comme au moyen âge, les dîmes et les taxes qu'on fait payer par ceux qui ne professent pas votre foi, et l'Irlande catholique gémit sous le poids des charges d'un culte protestant. — Quand enfin, après des siècles d'oppression, vous lui avez accordé l'aumône de quelques mille livres, par an, pour le séminaire de Maynooth, où se forment les hommes laborieux qui seuls civilisent un peu votre malheureuse et sauvage population d'Irlande, il se trouve tous les ans des bigots de protestants dans le Parlement qui crient horreur sur cette dotation, et des colléges électoraux qui obligent leurs députés à l'engagement de voter contre. — Vous vantez sans cesse le bonheur actuel et la prospérité de l'Irlande ; c'est drôle ! quand depuis la famine, la population a diminué de huit à six millions ; un million émigré, un million *mort de faim* ! Vous avez raison, si demain tous les pauvres meurent, les gens riches se trouveront plus à leur aise ! — Notez que c'est un protestant qui vous parle !

XX.

Cessez aussi d'attaquer le prince Napoléon et épargnez

au *Moniteur* même la peine de vous accuser de mensonge
(4 mars), vous *Times*! Vous dites que le prince est socialiste! et s'il l'était dans la mesure de la justice et du progrès du siècle, quel mal? A ce titre, le prince Albert, qui
fait construire des maisons d'ouvriers et s'intéresse libérale-
ment au bien-être et à la civilisation de votre peuple, pourrait fort bien être un dangereux socialiste!

Vous demandez qu'on respecte les opinions, respectez-
les! Le prince Napoléon est, vis-à-vis de vous, prince impé-
rial de France; il est l'époux d'une princesse de Savoie,
dont la maison vaut certes une autre qui descend en droite
ligne des marquis d'Olbreuse du Poitou (1).

Nous le répétons, faites-nous enfin la paix! Personne ne
songe à attaquer l'indépendance de l'Angleterre; mais
nous, la démocratie, nous ne voulons pas permettre qu'elle
s'oppose à tout progrès en Europe; qu'elle jette une diplomatie surannée dans la balance de la justice, au détriment
de son propre peuple et qu'elle croie devoir fonder sa grandeur sur la ruine, la rivalité et la discorde de l'Europe!
Que ceux qui trouveraient que nous ne traitons pas notre
fidèle alliée avec assez de courtoisie, lisent l'article du
Daily-News, d'il y a quelques jours, qui n'est pas moins
sévère, ni moins vrai:

« Il arrivera malheur à l'Angleterre : elle obéit à de
vieux préjugés pour favoriser la maison de Habsbourg, et
si elle oublie ce qu'elle doit à la France, sa fidèle alliée,

---

(1) *N. B.* La petite-fille du marquis, émigré protestant, femme de George Iᵉʳ,
roi d'Angleterre, mère de George II et grand-mère de Frédéric-le-Grand, roi de
Prusse, est la victime malheureuse enfermée par son mari, pendant trente ans,
dans une ferme-prison de la Westphalie, tandis que son royal époux se désennuyait
à Londres avec ses maîtresses allemandes, aussi grandes que laides!

Qui sait si ce n'est pas à cette infusion de sang non royal français, que la Prusse
doit son Frédéric-le-Grand !   F. C.

qu'elle y prenne garde : la situation extérieure est loin d'ê-
tre brillante. Partout l'influence de l'Angleterre a dominé.
Individuellement on nous respecte, mais sans nous aimer,
et, comme nation, si on ne nous hait point, on se défie de
nous. Par notre faute, nous avons perdu le premier rang
parmi les nations. Nous ne pourrions le reconquérir *qu'en
répudiant à jamais et pour toujours la violence et l'intrigue.*
Nous sommes détestés par les rois et abhorrés par tous les
vrais patriotes ! »

XXI.

La marche de la civilisation nous montre la fusion suc-
cessive des petites agglomérations en un grand État, et que
l'homogénéité et la réunion des forces éparses d'une nation
vers un seul but constitue sa grandeur, développe son génie
national et produit les chefs-d'œuvre d'art, de poésie, de
littérature que nous admirons ! Chez une nationalité asser-
vie, la prospérité s'évanouit, le génie national se meurt ou
ne se développe pas ; il y a ou épuisement et apathie, ou
lutte pour reconquérir son indépendance ; de là un état de
force brutale et la guerre ! Le droit des nationalités re-
connu comme un article de religion et enseigné comme le
catéchisme en Europe, c'est la *paix*, le développement
spontané du génie particulier à chaque peuple, l'ordre,
l'autorité, le libre-échange et la prospérité générales.—
Fondre les nationalités dans l'humanité et attendre le progrès patiemment avec et par la liberté et la paix, comme
M. de Girardin, Bright, Cobden, c'est vouloir servir à un
homme affamé des phrases en lui montrant les astres. C'est
perpétuer un état de choses immoral et pousser les peuples

au désespoir ; cette doctrine que M. de Girardin, avait déjà prêchée à Francfort dans la Paûls Kirche, peut convenir à l'Angleterre, à M. Cobden, qui ayant reçu de Manchester et autres villes une souscription de 100,000 liv. st. pour les vaillants efforts dans la cause des céréales, prend son *otium cum dignitate* et part pour l'Amérique, et se retire de la vie publique au lieu de rester sur la brèche pendant la lutte pour la réforme !

A M. Bright, qui est Quaker et, par conséquent, toujours et partout opposé à la guerre, dans un pays qui est toujours en guerre quelque part.

Avec le progrès de la vapeur et des télégraphes, la réunion spontanée d'un petit État avec un grand est un avantage pour la civilisation ; la réunion forcée est un malheur ; le suffrage universel est seul compétent à décider ; vendre un petit État à un grand, comme le Sigmaringen à la Prusse, c'est traiter un peuple en bétail.

La Belgique a été enlevée à la Hollande et par antipathie nationale et par la jalousie de l'Angleterre ; Anvers commençait à faire peur à Londres ; dans cette question de café et de cassonade, l'Angleterre a mis de côté et ses *sympathies protestantes et les Traités de* 1815 ; la religion, la langue, la littérature, l'intérêt du commerce et la perspective d'un gigantesque avenir, donnent ce pays à la France ; le noble peuple belge est la tête de pont de la grande alliance franco-germanique ; l'Angleterre, qui ne veut que sa faiblesse, y a placé, en quelque sorte, un préfet anglais et s'en sert comme un trait d'union entre elle et l'Autriche, La politique anglaise est toujours de se ménager sur le continent une puissance militaire non maritime ; elle a toujours en vue deux objets favoris : la destruction de la Papauté, pour livrer au désordre les nations catholiques, et l'introduction de son Parlementarisme, parce qu'il divise, bavarde, lui livre les secrets des cabinets, empêche la vigueur et l'ensemble d'action ; par la Belgique et les provinces rhénanes, 1815 a serré la France comme dans un étau de fer ; avec la réunion, Anvers deviendra un second Londres, en commerce ; l'Escaut sera libre, l'indépendance de la Hollande assurée, et un traité avec l'Union franco-germanique lui livrera de nouveau une belle part dans le commerce du monde !

XXII.

Mais pour que l'Allemagne puisse consentir à cet agrandissement de la France, il faut que les aspirations de ses patriotes se réalisent, *il lui faut son unité, sa flotte.* Le Schleswig-Holstein, qui contient la population *la plus allemande,* séparé de l'Allemagne, demande sa réunion ! Son port de Kiel, où sa rade magnifique, peut réunir toutes les flottes de l'Europe ; il faut que l'Anglais cesse de menacer l'Elbe du haut du rocher d'Heligoland ; Francfort, Brême, Lubeck, et Hambourg surtout, ce tripot anglais, où l'on baragouine l'anglais à la Bourse et où *des Allemands* ont presque honte de parler la langue de Goëthe et de Schiller, doivent être, comme le Holstein, à la Prusse ; 1848 a laissé les princes sur leurs trônes, qu'ils y restent ! mais qu'ils ne s'opposent pas à ce que l'Allemagne n'ait *qu'une* direction suprême, *qu'un* Parlement fédéral, *qu'un* Code de lois, *qu'une* douane, *qu'une* monnaie. Cette direction appartient à la Prusse qui, par le Zollverein, a posé la première pierre de l'unité allemande ! Il faut une flotte, non dans *cent* ans, mais que dans cinq ans le pavillon tricolore allemand se déploie sur les mers !

XXIII.

Qui peut songer à s'opposer au jour donné à l'indépendance de la Hongrie! Ce peuple si brave, si chevaleresque, si guerrier? qui avait, dans cent batailles et combats, anéanti l'armée autrichienne de trois cent mille hommes, et allait refouler les deux cent mille Russes dans la Galicie, lorsque la *trahison de Georgey à Villagos* livra sa patrie, pour quelque temps encore, à ses oppresseurs! qui peut lire sans émotion les épisodes de ces héroïques campagnes! cette magnifique cavalerie hongroise, qui, au premier bruit du soulèvement, abandonne *l'armée autrichienne en Italie,* marche jour et nuit à travers le Tyrol fidèle, les États héréditaires, tourne les forteresses, tourne Vienne, arrive à Pesth, après trois cents lieues de marche! et quel enthousiasme! le peuple ivre de joie, les *dames de la noblesse* descendant dans la rue, essuyant la poussière du visage des soldats et leur versant les généreux vins de la Hongrie! Après deux jours de repos, ils se précipitent dans les combats! Rien au monde ne peut résister à de tels hommes, furieux par leur haine de l'étranger, animés de l'amour sacré de leur patrie et de leur indépendance! *Le cri de guerre* seul des vrais Magyars, suffit pour renverser une monarchie autrichienne!

Et qui peut oublier, après la trahison, la retraite de cette autre armée, où se trouvait Kossuth, du Nord, des environs d'Eperies, à travers des forces ennemies, deux cent cinquante lieues vers la terre inhospitalière de Turquie; l'antiquité, la retraite des dix mille Grecs de Xénophon, l'histoire moderne, la glorieuse retraite de Moreau à travers les défilés de la Forêt-Noire, n'offrent rien de plus admirable ! Et quand, épuisés, ils arrivent en Turquie (aux hanches de leurs chevaux, de ces chevaux hongrois indomptables, on pouvait pendre son tshako), que trouvent-ils ? L'armée turque, rangée en bataille, hostile, prête à les livrer à leurs bourreaux ! Que font-ils ? le désespoir dans le cœur, ils ne fléchissent point ; la mèche allumée, près de leurs canons, ils vont accepter la bataille ; ils n'ont rien que la vie, mais ils vont la vendre cher ; le Turc épouvanté cède, on traite ; les chefs restent ; les soldats, amnistiés, rentrent avec honneur, mais malgré les traités, sont encore tourmentés et châtiés par l'Autriche ? Quelle chute ! Ils avaient dispersé les Autrichiens, battu les Russes partout, que le choléra décimait ensuite ; ils les rejetaient sur la route de Tarnow, où la vengeance polonaise peut-être les attendait (1), ils comptaient se réunir avec l'armée victorieuse du centre, les héros de Comorn, pour marcher ensemble sur *Vienne porter le coup de grâce, quand la fatale journée* de Villagos les livrait à leurs ennemis ! et pour une poignée d'argent russe ! Et par un seul traître, un général en chef, qui s'éloignait de ses soldats, tout prêts à combattre, sous prétexte d'une reconnaissance, et revint au milieu de l'*état-major russe !* Là où les Hongrois attendaient leurs frères de Comorn, une armée russe vint les entourer avec une armée autrichienne en face. Quarante mille hommes, l'élite de l'armée, durent déposer les armes ! Tous ne les déposèrent pas pour vivre ; des centaines se tuèrent !

(1) En Galicie, pour se débarrasser de nobles Polonais, représentant seuls l'intelligence et le sentiment national, l'Autriche souleva contre eux, il y a quelques années, les ignorants et sauvages paysans, qui ravagèrent les châteaux, éventrèrent les femmes, jetèrent les enfants du haut des fenêtres dans les fossés, tuèrent les maîtres et portèrent les têtes à la mairie où le gouvernement leur payait tant par tête, comme on payerait pour tuer des moineaux ; dans le seul cercle de Tarnow, plus de trois cents furent ainsi massacrés.　　　　　F. C.

Pleurant de rage et de désespoir, les héros descendirent de cheval, embrassèrent leur drapeau, embrassèrent leur cheval, baisèrent cette terre sacrée qu'ils avaient voulu libérer, donnèrent une pensée à Dieu, une autre aux êtres chéris qu'ils laissaient derrière eux dans l'esclavage, et se tuèrent, après avoir tué leur cheval, leur fidèle compagnon, qui ne devait point porter un ennemi !

Et que faisait la France pendant ces jours néfastes ? Livrée à tous les désordres, à toutes les faiblesses de *la République*, elle déchirait son propre sein ou discutait sur des utopies.

Et l'Angleterre ! Ah ! la trahison, c'était son affaire. Judas avait rencontré Judas. Elle, qui avait soufflé le feu ; elle, qui avait excité à la *révolte* (si ce mot n'est pas déplacé dans notre bouche) en Italie, en Hongrie, en Allemagne, travaillait maintenant avec la même *ardeur à la réaction !*

Le *Times*, dont les correspondants spéciaux suivent partout, comme les oiseaux de proie, la trace des cadavres, se félicitait que l'ordre fût rétabli et que *désormais les traités seraient respectés.* Il est vrai qu'à Southampton, on complimenta *Kossuth* sur sa bonne prononciation anglaise, pour un homme qui avait appris la langue pendant la traversée de Smyrne en Angleterre, et on pensa qu'après quelques mois de beefsteaks et de repos, et en se rasant convenablement, ce grand citoyen serait digne d'être épicier dans le Cheapside !

Il les a depuis souvent charmés par son éloquence, — des perles jetées devant les porcs. — Savez-vous ce qui fait le mérite de Kossuth ? C'est qu'il met son âme dans ses paroles, — un don que le Ciel et le *Times* vous ont refusé, et cette âme est grande ! C'est qu'il parle pour *le droit des nationalités.* Allez, écoutez-le encore et convertissez-vous.

Et qu'on ne dise pas avec les jésuites, les réactionnaires sans cœur, qu'il y eut dans ce mouvement national hongrois du communisme, du socialisme, de la République rouge. Il y *avait le sentiment de la nationalité*, la haine indestructible de l'étranger, l'amour du pays. Nobles et peuple rivalisaient d'abnégation. *Kossuth et l'aristocratie* avaient dès le premier abord aboli le servage et les priviléges de la noblesse ; vraie noblesse ! des ancêtres plus illustres que ceux de la maison de Habsbourg ; et l'Autriche, comment l'a-t-elle traitée ? Un comte Bathyani pendu, sans procès, dans la cour de la prison de Pesth, comme un vil malfaiteur ; des dames nobles fouettées par Haynau sur *la place publique*. Honte à l'Autriche !

Jamais la Hongrie ne sera *allemande* ; jamais elle ne restera à l'Autriche qui la pressure et la rejette dans la misère et la barbarie ; plus vite on en finira, plus la prospérité de l'Europe, la morale et la religion, *comme la cause de l'ordre*, y gagneront.

TROISIÈME PARTIE

QUESTION COMMERCIALE

XXIV.

De toutes les nations, celle qui a le plus d'intérêt à la paix, à l'indépendance, et, par conséquent, à la prospérité des peuples, c'est, sans contredit, l'*Angleterre*. Un traité de douanes avec l'Union franco-germanique, avec une Hongrie riche et agricole, avec vingt-cinq millions d'Italiens, serait pour elle d'un avantage immense; ces contrées fertiles produiraient des *matières premières* et lui achèteraient des *objets fabriqués;* mais on dirait qu'elle s'oppose au développement industriel et agricole de l'Europe, afin d'empêcher d'autres de grandir avec elle, et qu'elle veut se conserver le bénéfice de là production de ses colonies, pousser à *leur développement,* y chercher des consommateurs et un emploi pour ses navires, et se contenter d'exploiter une consommation restreinte et précaire en Europe! Si elle y renonce, nous serons obligés de prendre nos mesures pour faire sans elle. Pourtant elle ne songe pas que les crises périodiques qui la visitent, et qui sont la honte de son caractère, le déshonneur de ses familles et la terreur des moutons de Panurge à l'étranger qui se fient à elle, — que ces crises sont la conséquence forcée de la *surproduction* et du *manque de consommation* en Europe. Si chaque individu consommait pour 1,000 fr. par an (1), comme cela devrait être, voyez le chiffre *énorme d'affaires;* à cause des mauvais gouvernements ou de la mauvaise organisation sociale, dans *les contrées les plus fertiles de l'Europe*, en *Italie,* en *Hongrie*, en *Valachie*, en *Turquie, il n'y a pas de consommateurs.* La vapeur a beau traverser ces régions, des millions de mendiants, d'hommes, de nos frères en haillons, sans chemise, la regardent d'un air hébété, baissent la tête et rentrent dans leurs taudis ! Si ces hommes cultivaient la terre magnifique qu'ils foulent de leurs pieds (n'importe pour le compte de qui), et s'ils avaient leur part légitime dans le produit, *ils pourraient consommer.* D'un côté le génie de l'homme a *multiplié à l'infini la production;* de l'autre la méchanceté, l'égoïsme et l'aveuglement de l'homme a détruit *la consommation.* Cet état de choses cessera du moment que *les nationalités seront respectées et satisfaites*, que les armées seront diminuées, la *paix assurée*, la circulation et l'échange libres !

L'Angleterre craint une invasion française ; quelque possible qu'elle soit, nous n'y voyons pas d'avantage, ni pour la France, ni pour le monde ; ce serait ruiner le crédit anglais, si compliqué et si artificiel, détruire une consommation immense, arrêter la colonisation, encourir la disgrâce des dames anglaises ! Si la Providence veut une

---

(1) Comme il y a en Angleterre des fortunes de plusieurs millions de francs de revenu, cette somme n'est guère exagérée.

conquête, elle sera plutôt intellectuelle, par le contact des idées ; ce sera le triomphe du cœur, de l'esprit et du sentiment sur la matière ?

XXV.

Par le fait de la mauvaise politique qu'appuie encore l'Angleterre, non-seulement la consommation, mais toutes les améliorations sociales sont arrêtées : on *craint* le socialisme, parce qu'on n'ose pas en faire. Relever la dignité humaine par le travail et l'aisance, donner une sage liberté, rendre l'instruction obligatoire et établir l'impôt progressif, ne serait pas un socialisme bien dangereux !

Dans l'état de choses actuel, tout comme en *politique*, en *commerce*, nous sommes obligés à nous méfier de l'Angleterre et de la *combattre par ses propres armes.* — Le *libre-échange, quand on veut exploiter*, est une *anomalie.* Si, en présence des crises périodiques, nous admettons les *tissus* anglais, nous verrons, de temps à autre, *notre marché inondé et nos ouvriers sans travail.* Tout ce qui nous reste à faire, c'est de favoriser *notre propre industrie*, par la libre entrée de toutes les matières premières et des denrées alimentaires. L'abolition des droits sur les *céréales* qui, heureusement, est aussi une question d'humanité en présence d'une population affamée et d'un territoire restreint, a été une question de haute politique pour l'Angleterre ; en égalisant le coût de la vie, le prix des salaires avec ceux du continent, en tirant de la terre d'Australie pour un milliard de francs d'or par an, et en concentrant dans ses mains le *dépôt des blés du monde entier*, l'Angleterre avait l'Europe à ses pieds. Mais la France aussi, par sa situation, est le centre naturel du commerce des blés et se les attirera en abolissant les droits d'entrée, si les protecteurs français n'y mettent obstacle.

XXVI.

Cette question de l'or mérite une attention particulière. —Supposons que demain les buttes Montmartre se changent subitement en montagne d'or, et qu'une moitié des Parisiens, dépourvus de ce métal, y aille et remplisse ses sacs ; l'autre moitié, soit par insouciance, soit parce qu'elle a de *l'argent*, n'y va pas ; ceux qui reviennent chargés d'or veulent le vendre *contre de l'argent ;* largent vaut 6 à 7 fr. l'once ; l'or, parce qu'il était rare, valait jusque-là 100 fr. l'once, mais comme tout le monde en offre, les détenteurs d'argent peuvent se dire : « si la *marchandise argent dont la production n'augmente pas,* peut se donner à 7 fr. l'once, la marchandise *or,* dont la production est devenue immense, ne peut plus valoir 100 fr. comme du temps qu'il ne s'en trouvait ni à Montmartre, ni en Australie, ni en Californie, ni en Colombie et en une foule d'autres lieux. Il est vrai que la *couleur diffère ;* mais un service de table en *argent* est aussi beau qu'un service de table en *or, donc* la drogue « *or* » peut ou doit baisser de 100 à 50, 25, ou peut être 5 *fr. l'once.* La vraie richesse, c'est la terre, les bras et le travail de l'homme ! *Avis aux financiers !* — Il se pourrait que les vers de M. Scribe, dans *Robert* :

Oui, l'or n'est qu'une chimère, etc,

devinssent un jour, plus que jadis la Charte, une vérité.

L'Angleterre, en voyant affluer chez elle cette masse d'or (1), tiré en pur bénéfice de la terre, a sagement maintenu son étalon fixe en *or*, à raison de 100 fr. l'once, d'après lequel les échanges avec l'Europe sont établis, *et a cherché à s'attirer tout l'argent qu'elle a pu,* en donnant une légère prime (2).

Comme la Chine, *qui paraît y voir clair,* ne veut pas d'or *du tout* et que l'Angleterre achète par an :

Thé, consommation. 50 ; exportation, 20, = 70 millions de livres.

Soie, 40,000 balles ; valeur totale environ fr. 200 millions de francs.

Elle les solde par tissus 70 et *argent* 130 millions. Total, 200 millions de francs.

Mais elle a trouvé un moyen fort ingénieux pour rentrer d'une manière indirecte en possession de cet argent. L'empereur de Chine avait prohibé l'usage de l'opium et fait confisquer des cargaisons importées illégalement ; c'était son droit. L'Angleterre lui fit pourtant la guerre, et se fit payer *des indemnités énormes ;* elle *continua* à livrer l'opium contre argent aux contrebandiers chinois, malgré les prohibitions ; et elle vient, à la suite de la dernière campagne, faite conjointement avec la France, de forcer le *gouvernement chinois* d'admettre son opium à raison de 8 0/0 de droits d'entrée, de manière qu'un commerce qui était en *premier lieu* de la *piraterie*, est devenu *légal* ; et cette drogue, qui démoralise et empoisonne les Chinois, rapporte à la Compagnie des Indes, qui a le monopole de la culture, 5 millions 1/2 liv. st., soit envers la susdite 130 millions de francs en argent par an.

____

(1) Qu'on songe qu'en Australie on n'en est qu'à la surface de la terre !
(2) Pour se débarrasser de son or, dont autrement elle ne saurait que faire.

XXVII.

Malgré le libre-échange, les droits d'entrée en Angleterre, de 20, se sont accrus à 24 millions de liv. st., soit 600 millions de francs perçus sur une douzaine d'articles, soit :

Sucre	liv. st.	6
Thé.	»	5 1/2
Tabac.	»	5
(1) Vin et esprit. . .	»	4 1/2
Divers	»	3

Total, en 1858. . liv. st. 24,000,000

Une preuve frappante que la diminution des droits d'entrée ne diminue pas les recettes, mais augmente la consommation !

XXVIII.

Cette extension de la consommation devient à notre époque non-seulement une nécessité commerciale, mais un besoin social; il faut que l'ouvrier échappe aux crises, que son sort soit partout amélioré, son bien-être accru, son intelligence développée. Dans un marché restreint, la concurrence des producteurs, qui est souvent le résultat de leur ambition ou de leur jalousie, sans égard aux lois de

(1) En Angleterre, il n'y a pas d'octroi.

la morale, — fait baisser le prix de la marchandise et le salaire de l'ouvrier. Nous citerons un exemple, puisé dans le commerce français. *Ab uno disce omnes.*

A Chollet, la concurrence dans un marché restreint a fait tomber le prix des mouchoirs à 2 fr. 15 c. la douzaine, soit 18 c. la pièce. Quand on pense qu'il faut payer le fil et le coton, la teinture ou le blanchissage, l'apprêt et l'emballage, que peut-il rester à l'ouvrier? Le fabricant qui roule en voiture ne saurait y perdre; qu'il se mette un jour au métier, en ouvrier, et qu'il tisse une douzaine de ces mouchoirs par jour pour juger de la dureté du travail et de l'exiguité du salaire! Qui en profite, après tout? le commerce de gros ou de détail, c'est possible! le consommateur guère; quand il va dans un magasin acheter un mouchoir, il a besoin de l'article et ne marchande pas; supposons que les trente-six millions de Français consomment trente-six millions de ces mouchoirs par an ; il est vrai, il y a les enfants en bas âge et des gamins qui ne se mouchent pas, mais d'un autre côté, il y a les priseurs et les personnes affligées de rhumes de cerveau passagers ou perpétuels, — qui ne se mouchent que trop ; — enfin, comptons trente-six millions de mouchoirs, et supposons que le consommateur paie son mouchoir dix centimes plus cher ; ces quelques centimes constitueraient chaque année une somme de 3 millions 600,000 francs à répartir parmi les ouvriers du pays de Chollet.

Les salaires insuffisants sont une cause de troubles et de dangers pour la société ; bien qu'il ne soit pas d'usage qu'un gouvernement se pose entre le fabricant et l'ouvrier pour régler les salaires, — il se pourrait qu'il fixât un jour un minimum au-dessous duquel le salaire ne pourrait descendre. — Le gouvernement de l'Empereur s'appuie sur le peuple et veut qu'il s'élève en civilisation et en bien-être et non qu'il s'abaisse ; il le couvre de sa constante sollicitude tant dans la Sologne que dans les Landes et ailleurs. — L'intérêt du fabricant même y gagnerait, car il est pénible d'entendre un homme honorable dire parfois : « Ma foi, quand on a proclamé la République de 1848 à Chollet (et que le lecteur ne croie pas qu'on l'y ait proclamée plus tôt qu'à Paris,) nous ne sentions plus notre tête bien solide sur nos épaules ; aussi prions-nous Dieu chaque jour pour la conservation des jours de l'Empereur ! » Certes, c'est fort louable ! l'Empereur fait sans doute le plus grand cas de l'attachement de tous les Français, mais il nous semble que cet attachement n'en aurait que plus de mérite à ses yeux, s'il était basé sur l'amour plutôt que sur la peur !

XXIX.

L'Exportation totale de la Grande-Bretagne et de l'Irlande en 1858 *a diminué* de liv. st. 6 millions soit fr. 150 millions sur 1857 ; un relevé pourrait être intéressant.

Expédié à	en 1857	en 1858.
États-Unis	liv. st. 19 . .	14 millions.
Indes	» 11 . .	16 »
Australie.	» 11 . .	10 »
Canada.	» 4 . .	3 »
Allemagne	» 13 . .	12 »
Amérique du Sud. .	» 11 . .	9 »
Hollande.	» 6 . .	5 »
France.	» 6 . .	5 »
	81 . .	74 »

		liv. st.				millions.
Report.	.	liv. st.	81	. .	74	millions.
Turquie		»	3	. .	4	»
Russie		»	3	. .	3	»
Belgique.		»	2	. .	2	»
Chine		»	2 1/2	.	3	»
Espagne		»	2	. .	2	»
Égypte		»	2	. .	2	»
Italie		»	4	. .	5	»
Gibraltar		»	1	. .	1	»
Divers		»	21 1/2	.	20	»

Exportation totale,   liv. st. 122   116 millions.

Quand on considère que la nouvelle colonie d'Australie, avec quelques cent mille habitants, consomme pour 250 millions de marchandises d'Angleterre (1), on a l'idée de ce que l'Europe, *si fertile,* pourrait devenir sous une politique plus large et plus généreuse que la politique anglaise!!

(1) Tandis que l'Inde, mal gouvernée, exploitée par les Anglais, avec deux cents millions d'habitants, ne consomme que pour quatre cents millions dans la meilleure année.

CONCLUSION

Nous sommes arrivé au terme de notre travail imparfait, mais consciencieux ; nous avons blâmé ce qui était blâmable et exprimé nos vœux et nos espérances ; nous avons confiance en *l'avenir et en la France*, et nous voudrions *voir le grand peuple anglais s'associer* franchement à une politique juste, et assurer la paix et le bonheur du monde !

Mais nous avons peu de confiance en la sagesse de la plupart des gouvernements de l'Europe ; nous craignons qu'ils ne laissent à l'avenir le soin de couper le nœud gordien des interminables misères de l'Europe. Comment il sera tranché, les excès révolutionnaires nous l'ont montré, et la tourmente sera plus terrible qu'alors, car les haines sont plus intenses, les désappointements plus grands, les réactions plus violentes. Au delà du Rhin les idées communistes font leur chemin, et la rêveuse Allemagne a déjà d'avance construit *une Religion* nouvelle qui doit, avec le triomphe de la Justice, *revendiquer* la nature *divine* de l'homme !

Les temps sont graves.

Pour figurer sur un trône avec dignité, il ne suffit plus

d'une planche de sapin couverte de velours, d'une culotte de satin et d'un manteau d'hermine, — il faut, pour le sauver et maintenir intact le principe d'autorité, un grand homme, un héros ; et, de nos jours, c'est celui-là qui comprend la signification divine de la vie, qui est l'amour, la *justice* et la charité !

Napoléon à Sainte-Hélène disait naguère : « Le premier souverain qui, au milieu de la grande mêlée, embrassera de bonne foi la cause des *peuples*, se trouvera à la tête de toute l'Europe et pourra tenter tout ce qu'il voudra. »

Que cette affreuse mêlée, par la sagesse des *souverains* et des *peuples*, ne vienne pas nous *surprendre !*

XXXI.

La vigilance, sans la justice et la grandeur des conceptions, est *inutile*. — Les *idées*, aujourd'hui, sont un courant électrique ! On les exterminerait, en Europe, par les baïonnettes, elles bouillonneraient avec plus d'acharnement en Amérique. Tout est *solidaire* aujourd'hui ; qu'on songe que le câble électrique reliera la république américaine à la vieille Europe (le gouvernement anglais vient de garantir 8 0/0 d'intérêts à la Compagnie), et il y a là un éternel foyer de conspiration. — Il y aura bientôt 10 millions d'Allemands en Amérique, riches, instruits, libres, l'amour de leur patrie dans le cœur et la ferme détermination de la rendre libre. — Il y a des millions d'Irlandais aisés, riches, généreux, qui brûlent d'une haine ineffaçable contre l'Angleterre. — On épie toutes les occasions. Il y a deux ans, se déclara, comme on sait, une crise épouvantable qui ruina la moitié des places commerciales de l'Europe. La banque d'Angleterre sur le point de suspendre ses paiements, les marchandises sans valeur, les fabriques fermées, les ouvriers sans travail, nourris par les communes ; sans l'affluence d'or d'Australie, le coup était fait. — Un parti en Amérique avait voulu soulever la classe ouvrière en Europe contre les maîtres, contre les gouvernements ; tout le monde s'était comme concerté pour suspendre les paiements, et l'on s'était dit : nous consommons, puisque nous sommes riches et libres, *une grande partie des produits* des métiers d'Angleterre, de Belgique, d'Allemagne, de Lyon ; on nous inonde de marchandises, c'est à qui pressure, en Europe, le plus l'ouvrier, pour pouvoir livrer le *meilleur marché*. L'ouvrier européen, notre frère, qui produit toutes ces belles choses, va lui-même en haillons, vit dans l'ignorance et la misère, a à peine de quoi manger ; eh bien, arrêtons cette boutique, arrêonts la consommation pour un moment, et nous lancerons l'ouvrier européen dans la rue au *service du parti républicain ;* ce moyen est immoral, mais c'en est un ; un malaise existe, l'Europe n'y remédie pas ; que faire ? il faut du mouvement, il faut du progrès à tout prix !

XXXII.

Convenons tous qu'il y a beaucoup à faire !

La république, dont la théorie conserve nos sympathies, a fait, à notre grande douleur, ses preuves d'impuissance en 1848 ; elle n'a pas le principe d'autorité. A Paris, on l'accepte un moment, on s'embrasse, puis on la met en vaudeville et on en rit. Plus la civilisation de nos jours avance, moins il y aura de vrais républicains en Europe ;

cette civilisation amène le luxe, comme nécessité de la prospérité du commerce, la facilité des mœurs, les agréments de la vie, la bonne chère, les lambris dorés, les dames au camélia, le vice aristocratique ou l'égoïsme bourgeois, incompatibles avec la république. République veut dire simplicité, abnégation, vertu. Où sont les hommes, à Paris, qui préfèrent le brouet noir des Spartiates aux dîners fins des Frères Provençaux et de la Maison d'Or ? L'Amérique elle-même ne conservera probablement que la théorie républicaine. M. Buchanan, dans sa lettre du 22 novembre 1858, adressée à l'Assemblée, qui célébrait le centième anniversaire de l'occupation des forts Duquesne et Pitt, exprime ses craintes sur la conservation de l'Union ; et il est connu, en Angleterre, que cet homme d'État pense qu'après des luttes intestines les fragments de l'Union chercheront finalement un refuge à l'abri d'un puissant despotisme, c'est-à-dire du *principe d'autorité*. — Déjà, il y a quelques semaines, le Congrès fut saisi d'une proposition, appuyée par M. Douglas et autres, représentants de la Nouvelle-Orléans, où certes il se trouve de chauds républicains, demandant que le droit de faire la paix ou la guerre, qui, en vertu de la constitution, appartient au *Congrès*, fût donné au président. Qu'est-ce autre chose qu'une concentration entre ses mains du principe d'autorité, du pouvoir en quelque sorte absolu ? C'est fâcheux, mais cela est. Les garanties de liberté individuelle et sociale sont possibles et nécessaires, mais le gouvernement républicain lui-même n'a point donné de résultat ; si l'humanité est encore destinée à produire autre chose que le chaos (et nous espérons qu'elle l'est), c'est par le *principe d'autorité*. — La France l'a appliqué à son avantage ; grâce à lui, elle peut arborer le drapeau du *droit des nationalités*. Elle est glorieuse de prendre l'initiative. Qui ne serait fier de lui appartenir, de se ranger sous son drapeau ! Et vous, républicains, qui avez vu sa faiblesse et son impuissance au dehors, sous la république (la conquête de la Belgique tentée par la glorieuse expédition de Risquons-Tout, quand M. Delescluze sortit de l'hôtel de l'Europe, à Lille, à minuit, en simple fiacre, armé de pied en cap, — d'un parapluie, — et après avoir mangé deux omelettes aux confitures, — se mit en campagne fredonnant le *Marlbo- rough s'en va-t-en-guerre*), ralliez-vous, enfin, à sa force, à son suffrage universel ; aidez-la à remplir, par l'ordre et l'autorité d'une grande volonté, sa haute destinée, et vous aurez plus tard toutes les libertés ; songez à Béranger,

> Reine du monde, ô France, ô ma patrie !
> Relève enfin ton front cicatrisé.

Vous tous, hommes au grand cœur, Kossuth, Lamartine, faites triompher le droit des nationalités !

Vous, Italiens exilés, qui donneriez votre vie pour l'indépendance de l'Italie ; vous, républicains français, qui poursuivez des complots ou des utopies et traînez une existence malheureuse dans les sales carrefours de Londres, cessez de nuire à une grande cause par le spectacle de vos dissensions, et rappelez-vous que le mot d'ordre est donné, que s'il faut encore du sang, — dont il a déjà tant coulé inutilement, — il ne doit couler que pour la *paix future de l'Europe* et *l'indépendance des nationalités*, et n'oubliez pas

> Près de la borne où chaque État commence,
> Aucun épi n'est pur de sang humain !
> Peuples, formez une sainte-alliance
> Et donnez-vous la main !

La France est le soldat de Dieu. L'idée de justice et le principe du respect des nationalités qu'elle a mis en avant, germera ; la France lui sera fidèle, malgré tous les obstacles, car elle ne veut pas qu'on puisse dire d'elle :

« Parturiunt montes, nascetur ridiculus mus. »

Lille, 6 mars 1859.

F. CAMEN.

FIN.

TABLE DES MATIÈRES

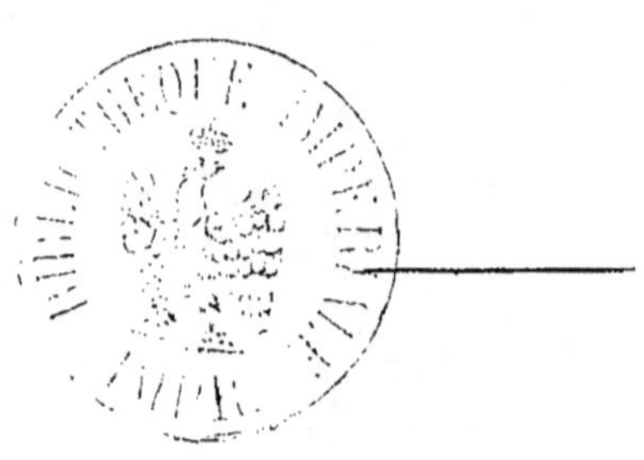